对话的艺术

的艺术

陈立红◎著

成都时代出版社
CHENGDU TIMES PRESS

图书在版编目（CIP）数据

对话的艺术 / 陈立红著. -- 成都：成都时代出版社，2025. 6. -- ISBN 978-7-5464-3692-0

Ⅰ. H019

中国国家版本馆 CIP 数据核字第 20251C5N67 号

对话的艺术
DUIHUA DE YISHU

陈立红　著

出 品 人	钟　江
责任编辑	李　林
责任校对	樊思岐
责任印制	江　黎　陈淑雨
封面设计	荆棘设计
版式设计	范　磊

出版发行	成都时代出版社
电　　话	（028）86785923（编辑部）
	（028）86615250（发行部）
印　　刷	三河市众誉天成印务有限公司
规　　格	165 mm × 235 mm
印　　张	9
字　　数	140千字
版　　次	2025年6月第1版
印　　次	2025年6月第1次印刷
印　　数	1–20000
书　　号	ISBN 978-7-5464-3692-0
定　　价	69.80元

前　言

在人生广阔的舞台上，对话不仅是日常交流的基石，更是情感与智慧的碰撞场。如果说对话是一门艺术，那么它的程度深浅，绝非单纯由学历的高低或知识的广狭所决定，它根植于我们对沟通本质的深刻理解与表达策略的巧妙运用之中。

记得有一年春节，在东北农村的老家，一次聚会让我深刻体会了对话的艺术。土炕上的温暖、朋友间的谈笑风生，本是一幅温馨和谐的画面；然而，一位小学同学却以几句不经意的言辞，打破了这份美好。他直呼我儿时的外号"老牛肉"，并带着几分戏谑地说我"混大了"，言语间透露出几分疏远与误解。那一刻，我感受到了对话中不尊重与缺乏理解的刺痛，心情也随之沉重。

没过一会儿，另一位儿时伙伴的到访，却像一缕春风，瞬间吹散了我心中的阴霾。这位儿时的伙伴微笑着拉住我的手，用一句简单而真诚的问候拉近了我们的距离。随后的交谈中，我们自然而然地分享着彼此的近况与感受，那份久违的亲切与友好，让我的心重新感受到温暖。

这两个截然不同的对话场景，如同两面镜子，映照出对话艺术中正反两面的力量。前者让人心生不悦，甚至产生隔阂；而后者则让人如沐春风，感受到沟通与理解的温暖。这不禁让我深思：在日常生活中，我们该如何运用对话的艺术，去构建和谐、友善、舒适和积极的交流氛围呢？

正是基于这样的思考与感悟，我写了这本书。在本书中，我尝试将对话艺术划分为六个不同的段位，从基础到进阶，逐步揭示其精髓与奥秘。

通过生动的案例、实用的技巧与深入的分析，我希望能够帮助每一位读者掌握对话的艺术，让每一次交流都成为一次心灵的碰撞与成长的契机。

掌握对话的艺术会给我们带来无尽的好处，让我们一同踏上探索之旅吧！

著　者

目录

第二部分　白银段位：说话有底线

第三部分　黄金段位：对话有技巧

第六部分　王者段位：我的对话我做主

第一部分
青铜段位：对话艺术源于对话基础

第一章　理解是打开对话大门的钥匙

⊙ 理解对方话中意

你是否曾有这样的体验：在与他人交谈的时候，如果你仅仅停留在对话语表面的理解上，往往会在不经意间忽略了隐藏于其中的重要信息，或是误解了对方的真实意图。

试想，如果我们未能领悟对方话语中的深层含义，将会如何？它可能引起沟通桥梁的断裂，导致误解与冲突，甚至使我们落入对方巧妙设置的问题陷阱之中。然而，一旦我们具备了敏锐的洞察力，能够准确捕捉并解读对方话语中的潜台词，我们便能以正确且高效的方式作出回应，从而确保沟通的顺畅与深入。

【对话智慧】

在 2010 年的"中国品牌发展与创新峰会"上，央视著名主持人董卿与浙江工商局郑宇民局长进行了一段精彩的对话。

董卿开场道："去年这个峰会也是我主持的，当时揭晓的 50 强品牌企业中，浙江企业占据了半壁江山。今年我再次看到这个数字，依然是如此，这难道仅仅是巧合吗？"

郑局长听后，巧妙地回应："对于这个问题，若我称之为巧合，您或许会说这是浙江的精心布局；而若我否认巧合，又恐难以自圆其说。那么，我也想请教您一个问题，去年您在此主持峰会，今年依旧，这算不算也是一种巧合呢？"此言一出，台下顿时笑声四起，气氛融洽。

郑局长继而深入阐述："虽历史常有惊人的相似之处，但它从不是简单的重复。今年的50%与去年的50%，数字虽相同，却有不同的内涵，正如今年的董卿与去年的她，也在变化中成长。这是同样的道理。"

分析这段对话，董卿的提问看似寻常，实则话外有音，若不深究，易陷入其语言陷阱。而郑宇民作为浙江工商局局长，展现出非凡的敏锐度与智慧，他迅速洞察董卿问题的实质，并巧妙地以相同的逻辑反问，既避免了直接回答可能带来的不利影响，又巧妙地缓和了对话中的紧张氛围。

随后，在另一次峰会上，两人再次交锋。董卿提到："我查阅了资料，发现上世纪八九十年代，温州的某1、丽水的某2、台州的某3、杭州的某4等地均出现过非法集资行为。将这些事件串联起来看，似乎每隔几年，这些地方就会重蹈覆辙。这是否意味着浙江人缺乏风险意识，或是天生爱冒险呢？"此问显然带有地域性偏见，直指浙江商人的经商风格。

面对如此尖锐的问题，郑局长从容不迫地回答："您所列举的不过是个别案例，不能因为这些人是浙江人，就推断所有浙江人都容易犯这样的错误。这正如您提到的那些人恰好都是女性，难道就能因此说女性都爱折腾吗？这样的推理是不严谨的。"郑局长的回答有理有据，让董卿无法继续追问。

【明道理】

在日常对话中，我们常常需要超越话语的表面意思，深入了解对方话语中的真正含义。这像一个解谜游戏，要求我们聚精会神地去倾听、去感知，以捕捉那言外之意、弦外之音。

那么，应如何提升这种理解能力呢？

一、关键在于学会倾听。这不仅意味着让耳朵工作，更重要的是用心去感受对方的情绪波动与深层意图。

二、注意语言的微妙差异至关重要。同一个词汇，置于不同的语境之中，其意义可能大相径庭。因此，我们应注意对方的用词选择与表达方法，力求准确捕捉其言下之意。

三、广泛的人际交流是拓宽视野、提高理解能力的宝贵途径。与不同的人打交道，能够让我们接触到多样化的表达方式和丰富的文化背景，从而加深对人类语言复杂性的认识。

四、需要明确的是，理解话中意并非一蹴而就的易事，它需要我们持之以恒地学习与实践。通过阅读、与不同人群交流等方式，不断丰富自己的生活阅历与知识储备，这样我们才能在面对各种话题时，更加游刃有余地把握其深层含义。

【要点总结】

理解话语背后的真实意图绝非易事，它要求我们拥有敏锐的洞察力和丰富的生活经验。在交流中，人们常常采用隐喻、暗示或委婉的表达方式，这时，我们就需要借助语境和语气的微妙变化，去揣摩对方的真实想法和意图。

⊙ 建立信任，才能有效对话

在人际交往中，信任构成了有效对话的基石，它如同桥梁连接着人与人之间的心灵。唯有双方相互信任，才能毫无保留地敞开心扉，真实地分享各自的想法与情感。

【对话智慧】

小王作为某公司的新进员工，尚处于试用期。近期，随着公司业务量的急剧增长，公司面临人力资源紧张的局面。

针对这一问题，领导迅速召集各部门主管召开紧急会议，旨在探讨应对挑战的方案并合理分配工作任务。经过一番周密的讨论与协商，大部分工作任务得到了妥善的安排与分配。然而，仍有一个虽不复杂却颇为紧急的任务因人员调配问题悬而未决，让领导颇感为难。

正当领导为此事发愁之际，小王挺身而出，主动请缨："我对这项工作有一定的了解，我愿意接手并全力以赴，尽我所能去完成它。"小王的勇气与担当瞬间吸引了所有人的注意。

领导望着小王，心中虽有顾虑——毕竟小王尚未转正，按规定不宜独立接受任务——但仍旧给予了小王一个表达想法的机会："既然你主动请缨，那就先说说你的思路吧。"

小王没有丝毫怯场，自信而坚定地说道："虽然我之前没有独立操作过类似项目，但在跟随主管工作的这段时间里，我已经对这个项目有了深入的了解，对客户情况也相当熟悉。我打算先从梳理客户需求入手，逐步推进。"小王的阐述条理清晰，显示出他对工作的充分准备与深入思考。

最后，小王还郑重承诺："我保证在一个星期内高质量地完成这项工作。"这份自信与决心让领导深感欣慰，对小王的信任感油然而生。

最终，领导决定给小王这次宝贵的机会，将这个紧急且重要的任务交到了他的手中。这不仅是对小王个人能力的一种认可，更是对他未来在公司发展潜力的期许。

【明道理】

这个故事深刻地揭示了建立信任在有效对话中的核心地位。它告诫我们，唯有真诚的倾听、深刻的理解和由衷的关心，方能赢得对方的信赖；而这份信任的建立，则是开启深入对话、构筑坚固人际关系的钥匙。

信任，作为人类社会不可或缺的纽带，是我们相互交往的坚实基石。在对话的舞台上，信任更是扮演着举足轻重的角色。它如同桥梁，连接着不同的心灵，使我们在相互理解的基础上，能够畅所欲言，分享见解，甚至跨越分歧，达成共识。

然而，信任的建立并非一蹴而就，而是一个需要时间与努力浇灌的过程。首先，真诚与诚实是不可或缺的基石。我们必须勇于表现真实的自我，坦诚地表达想法与感受，避免任何形式的隐瞒与欺骗。同时，对他人观点与情感的尊重与理解，也是赢得信任的重要法宝。

其次，保持言行一致同样至关重要。一个言行一致的人，能够给人以可靠与稳定的印象，从而更容易赢得他人的信赖；反之，若言行相悖，则会严重损害已建立的信任关系。因此，我们需对自己的每一句话、每一个行为负责，确保在对话中展现出高度的一致性与责任感。

在信任的基石之上，我们方能开展真正意义上的有效对话。这种对话超越了简单的信息交换，它涉及情感的共鸣、思想的碰撞与相互的理解。在一个充满信任的环境中，我们可以更加自由地表达自己的看法，更加深入地探讨问题，也更有可能找到双方都能接受的解决方案。

当然，建立信任并不意味着我们要回避对话中的分歧与冲突；相反，正是这些分歧与冲突，为我们提供了进一步巩固信任关系的契机。面对分歧时，我们应保持开放的心态，尊重对方的立场与观点，并努力寻求共同的理解与解决方案。

【要点总结】

建立信任是进行有效对话不可或缺的前提与基石。为了构筑信任关系，我们需要秉持真诚、一致性、耐心以及倾听的原则。只有在信任稳固的基础上，我们才能展开深入而富有成效的对话。这样的对话不仅能够加深我们与他人的相互理解和沟通，还能帮助我们共同面对挑战，解决问题，最终实现共同的目标。

用我们的真诚与善意作为钥匙，去开启一段段充满温暖与理解的对话之旅。通过这样的努力，我们不仅能够丰富自己的人生体验，还能为周围的世界带来更多的和谐与美好。

⊙ 把误解消灭在萌芽当中

在日常生活中，我们时常会遇到对话中的误解。若这些误解未能得到及时的澄清与消除，它们便会在双方之间形成一道隔阂，为后续的沟通设置障碍，严重时更可能直接导致对话的破裂。鉴于此，消除误解在对话过程中显得尤为关键，它构成了沟通技巧中最为基础且重要的一环。通过积极寻求共识、耐心倾听与清晰表达，我们能够有效地打破误解的壁垒，促进更加顺畅与深入的交流。

【对话智慧】

有一对夫妻下班回家后，开始了他们日常的晚间时光。丈夫悠闲地坐在沙发上，一边品茶一边浏览手机内容，而妻子则在厨房忙碌，准备晚餐的同时，也不忘与丈夫分享一天的所见所闻。

妻子的话语如流水般不断："今天老师反馈说孩子的英语作业错误不少，咱们得重视起来……我大学同学下周要来出差，你琢磨下咱们去哪儿聚餐好……还有，今天办公室里的趣事可多了……"

然而，尽管妻子叨叨没完，丈夫只是偶尔点头以示回应，并未给予更多言语上的互动。终于，妻子感到被忽视，愤然走出厨房质问："你到底有没有在听我讲话？"

丈夫一脸无辜地回答："我当然在听啊！"

妻子更加不满："那你怎么一句话都不说，是不是根本没把我当回事！"

丈夫解释道："我真的在听，只是我觉得你说的这些都是需要我记下来的事情，没必要每次都回应。"

这段对话中，妻子因丈夫缺乏及时的言语反馈而感到被忽视，而丈夫则认为自己的沉默是对妻子话语的默认接受，双方因此产生了沟通上的误解。

下面是一个关于医院的小笑话，展现了另一种沟通误解的场景。

患者因喉咙不适前往医院就诊，他手持身份证对医生说："医生，我嗓子不舒服，麻烦您给看看。"

医生在核对完患者身份后，顺口说道："把表给我。"这里的"表"指的是检查申请单或病历表。

但患者误解了医生的意思，以为医生要他的手表，于是毫不犹豫地摘下手表递给了医生。医生见状，连忙澄清："不是这个表，是检查的表格。"

经过一番检查后，医生告知患者并无大碍，只是轻微着凉了，并嘱咐他注意保暖和饮食。

患者随即问道："那我能喝奶茶吗？"

医生回答："可以，但要少喝。"

【明道理】

这则笑话虽为虚构，却深刻地揭示了对话中因双方"频道"不一致而产生的误解，这无疑是沟通中最大的遗憾。问题的根源，既不在于单一的听话者，也不能完全归咎于讲话者，而是双方共同的责任。对话误解的根源：一是医生表达不清，未能设身处地地为患者着想，使用易于理解的语言；二是患者听而不解，缺乏从医生视角理解信息的能力。如此，对话的失败几乎成为必然。

为有效避免对话中的误解，我们应遵循以下几点原则：

一、保持耐心倾听。当他人发表意见时，我们应克制打断他人说话的冲动，全心全意地倾听其观点与体会其感受。这种专注不仅是对他人的尊重，更是避免误解的第一道防线。

二、优化表达方式。我们应努力站在对方的角度，以清晰、准确且富有同理心的语言阐述自己的见解。面对分歧时，采用"我觉得""我认为"等温和的表达方式，替代直接的指责，以促进更为和谐的沟通氛围。

三、勇于澄清误解。一旦发现自己对对方的话语存在误解，应立即采取行动，通过提问或解释的方式，及时消除误会。避免让误解像雪球般越滚越大，最终摧毁整个对话。

最后，保持情绪稳定。在对话过程中，我们可能会遇到令人不悦甚至愤怒的情况。然而，正是在这些关键时刻，我们更应保持冷静与理智，以免情绪失控影响我们的判断力和表达力。

遵循上述原则，我们不仅能减少对话中的误解与冲突，还能提升沟通效率与质量，促进更加和谐的人际关系。

【要点总结】

人与人之间的误解、矛盾乃至冲突，绝大多数源于沟通中说话不当。为了有效避免这一问题，表达者应当力求准确无误地传达自己的意图和想法，确保言辞清晰、明确，避免使用含糊不清或易产生歧义的表述。

同时，作为对话者，应当保持高度的注意力，认真倾听对方的发言，并努力站在表达者的角度去理解其话语中的真正含义。如果担心自己可能存在理解上的偏差，不妨在必要时采取复述或请求对方再次确认的方式，以确保双方对信息的理解是一致的。

通过这样的双向努力，我们可以大大减少沟通中的误解，促进更加顺畅、有效的交流，从而构建更加和谐的人际关系。

⊙ 良好的沟通需要有一颗同理心

美国著名幽默大师马克·吐温曾言："穿上别人的鞋子走路，方能真正理解他人。"这一智慧同样适用于对话交流。若我们缺乏对他人的理解，无法在对话中秉持同理心，那么所说的话语往往难以触动对方的心弦，也难以赢得对方的重视。

相反，那些擅长运用同理心进行沟通的人，往往能在对话中展现出非凡的魅力。他们的话语能够深入对方的内心，营造出一种友好而高效的对话氛围。这样的人，无疑是善于沟通的高手，他们懂得如何倾听，如何理解，以及如何以最佳的方式表达自己的观点和情感。

因此，在对话中保持同理心，是建立良好沟通关系的关键所在。它不仅能够促进双方的理解和信任，还能使对话更加生动有趣，从而达到更好的沟通效果。

【对话智慧】

在某个影视剧中，有这样一个情节：在一家律师事务所内，一名业务员在接待一位希望与丈夫离婚的重要客户时，因未能充分考虑对方的利益，惹怒了客户，导致客户愤然离席，并扬言要转投别家律所。

老板闻讯后，心急如焚，立即指派资深律师顾某前去挽回局面。在律所大门外，顾某成功地拦住了这位怒气冲冲的客户。

客户情绪激动地表示："如果你们不能为我争取利益，我何必花大价钱请你们？"

顾某温和而坚定地回应："我完全能理解您的心情。经过初步了解，我深知您所提的条件背后，并不仅仅关乎财产分割，更多的是这些年与钟先生共同生活的情感印记，您理应得到属于您的那一份认可与补偿。"

这番话如同一股暖流，渐渐平息了客户心中的怒火。

顾某继续说道："不过，我也必须坦诚相告，鉴于您与钟先生的婚姻持续时间相对较短，这确实给我们的谈判带来了一定的挑战与被动。"

顾某的诚恳与直率赢得了客户的信任，客户的情绪明显趋于平静，并开始向顾某倾诉自己的苦衷。

客户感慨道："我今年已经45岁了，即便再如何保养，也回不到20岁了。"

顾某则以共情之心回应："是的，时光无法倒流，但这并不意味着我们的生活质量会因此打折；相反，我们应该珍惜当下，努力活出比20岁更加精彩的人生。让那些曾经辜负我们的人看到，没有他们，我们依然可以过得很好，甚至更好。这样，他们或许才会真正感到后悔。"

顾某这番站在客户角度、饱含共情的话语，让客户感受到了前所未有的支持与认同，心中的焦虑与不安也随之消散。

最终，客户决定将自己的离婚官司全权委托给顾某处理。

【明道理】

曾有位名人深刻地指出："同理心是一种强大的力量，它能让我们体会到他人的痛苦与快乐，与之产生共鸣。"上述故事生动地展现了同理心在对话中所蕴含的非凡力量。

在对话过程中，我们可以采取以下几种策略来充分发挥同理心的力量：

一、反馈。通过用自己的语言复述对方的观点或感受，以表达我们的理解并寻求对方的认同。例如："我非常理解您目前的处境和感受，那确实令人困扰……"

二、共鸣。在深刻理解对方之后，我们可以分享自己相似或相关的经历与感受，以此作为共鸣的桥梁，进一步证明我们真的理解对方。比如："我过去也曾经历过类似的情境，那段日子对我来说也是相当艰难的……"

三、支持。提出具体而建设性的帮助建议，让对方感受到我们的真诚关怀与积极助力。例如："针对您当前面临的问题，我建议您可以考虑……这样的方法或许会有所帮助。"

四、非语言沟通。巧妙地运用面部表情、肢体语言和语音语调等非语言元素，来增强我们同理心的传达效果。比如，保持真诚的眼神接触，给予温暖的微笑，适时地点头以示赞同等，都能让对方深刻感受到我们的同理心。

【要点总结】

用同理心去理解他人，不仅是一种善良的表现，更是一种深邃的智慧。它要求我们主动站在对方的立场上，深入体会并理解其情感、需求以及观点。这种对话方式，犹如搭建起一座心灵的桥梁，不仅有助于迅速建立并加深双方的信任，还能有效增进彼此之间的理解与共鸣，从而强化双方之间的情感沟通。

第二章　尊重是长久对话的前提

⊙不以外貌衣着决定对话态度

在这个"颜值至上"的时代，我们往往不经意间就以外貌作为评价一个人价值与性格的标尺。然而，摒弃外貌偏见，以平等的姿态开启对话，才是构筑稳固人际关系的基石。将外貌排除在对话态度的考量之外，不仅是至关重要的沟通技巧，更是对他人人格与平等的深刻尊重。它鼓励我们以开放的心态去认识每一个人，超越表面的视觉印象，探寻他们独特的内心世界与真实价值。

【对话智慧】

在学术界，流传着一个意味深长的故事：

在往昔的某个时刻，哈佛大学的校长办公室迎来了一对看似平凡无奇的访客——一对年迈的夫妇。老太太身着已显岁月痕迹的棉布衣裳，而老先生则身着一套略显陈旧的西装，其质料透露出一种朴素无华的气息。

他们步入办公室，直接表达了想见校长的愿望。面对办公室秘书是否预约的询问，老人坦诚相告没有预约。秘书的目光在他们简朴的装扮上稍作停留，心中暗自揣测，或许这两位是从乡间远道而来的，对规矩不甚了解，于是，她以校长忙碌为由，试图婉拒。

然而，老人却以平和的语气回应："无妨，我们愿意等待。"

就这样，老夫妇静静地坐在一旁，时间悄然流逝，数小时过去了，他们依然坚守在那里，没有丝毫离去的迹象。秘书原本以为冷漠的态度会让他们知难而退，却未曾料到他们如此执着。

最终，这一情景引起了校长的注意，他决定会见这对不寻常的访客。初见之下，校长心中难免生出几分轻视，以略显傲慢的态度接待了他们。

老太太缓缓道出了他们的来意："我们的儿子曾是哈佛的一员，他对这所学校怀有深厚的情感。不幸的是，去年他遭遇意外离世，我们希望能为他在哈佛大学留下一点儿纪念。"

校长听后，认为这一请求过于异想天开，便以学校非陵园为由，冷淡地拒绝了。

老太太连忙澄清："我们并非要求竖立雕像，而是希望捐赠一栋大楼给哈佛大学。"

校长的脸上露出了不以为意的笑容，他难以相信这一对看似普通的夫妇拥有如此巨额的财富，毕竟，建造一栋大楼至少需要数百万美元。于是，他毫不犹豫地再次拒绝了他们。

老夫妇默默离开了哈佛大学，但他们并未放弃初衷。他们转而前往加利福尼亚州，用自己的力量在那里建立了一所以他们儿子名字命名的大学——斯坦福大学。如今，斯坦福大学已跻身世界顶尖学府之列，与哈佛大学并肩而立，成为其强有力的竞争对手。

这个故事在哈佛校园内广为流传，成为校长时常向学生提及的警示。它告诫人们，切勿以貌取人，要时刻保持谦逊与尊重，因为每个人都有可能拥有超乎想象的潜力和价值。

【明道理】

想象一下，如果我们仅仅依据他人的外貌来决定如何与他们交流，那么我们很可能会错过那些内心丰富、充满智慧与趣味的人。更有甚者，这种外貌至上的行为还会在不经意间伤害到那些可能因此被忽视或遭受歧视的人。

相反，当我们摒弃以貌取人的偏见时，我们的心灵之门便得以敞开，真正去探寻并理解他人的内心世界。我们会发现，每个人都是自己故事的主角，都拥有着无法被外表所完全展现的独特价值。

不以外貌作为决定交流态度的依据，是一种基本的尊重与礼貌。每个人都应得到平等的对待，无论他们的外貌如何。当我们以真诚、友善的态度去与他人交流时，这份善意往往会得到回应，我们也将收获他人的信任与友谊。

那么，如何实践不以外貌决定说话态度的原则呢？

一、我们需要学会放下先入为主的偏见，以开放的心态去了解并接纳每一个人。不应仅凭初见时的印象就对他人做出判断，而应通过深入的交流去发掘他们内在的闪光点。

二、我们要时刻注意自己的言行举止，确保它们能够传递出积极、正面的信息，从而对他人产生积极的影响。

三、我们要铭记于心的是，每个人都是独一无二的，他们的独特之处正是这个世界多彩多姿的源泉。因此，我们应当学会尊重并欣赏这种多样性，让理解与包容成为我们与他人交往的基石。

【要点总结】

"人不可貌相，海水不可斗量。"这句古训提醒我们，不应以外貌作为衡量他人的唯一标准。别让外貌成为你与他人建立深厚交流的障碍，相反，我们应当秉持平等与友善的态度，去对待身边的每一个人。当你以这样的心态去接触世界时，你会发现这个世界充满了美好与温暖，你的人际关系也将因此变得更加和谐与融洽。让我们携手共进，用心去感受，用心灵去交流，而非仅仅依赖眼睛去做出肤浅的评判。

⊙ 嘲笑讽刺是最糟糕的对话方式

在日常生活中，我们不可避免地会置身于形形色色的对话场景之中。这些对话有的能带来愉悦与舒适，有的则可能触发尴尬与不悦的情绪。其中，嘲讽式的对话尤为突出，它常被视为最不受欢迎的对话方式之一。嘲讽不仅容易刺痛他人，还可能对双方的关系造成难以弥补的裂痕。因此，在交流中避免使用嘲讽，以尊重和理解的态度进行沟通，是维护良好人际关系的重要一环。

【对话智慧】

我国知名学者易中天在参与一档电视节目时，与一位年轻学生直接对话，内容如下：

学生："我注意到您的手一直插在兜里，这是不是意味着您处于一种自我保护的状态呢？或许我们可以尝试把手拿出来，进行一场心与心的交流。"

这样的言辞，对一位资深学者使用，确实显得颇为不敬，且带有些许指责的意味，容易让人产生不适。

然而，易中天以其特有的机智与幽默，轻松回应道："我拿出来的手该放在哪里呢？"这句话不仅巧妙地化解了尴尬，还展现了他的风度与智慧。

然而，这位学生并未就此罢休，继续发问："我认为您本质上是一位教师，如今已接近退休，却又频繁出现在电视荧屏上，我觉得这更像是在刷存在感，有些不务正业。

这样的话语，无疑更加尖锐且缺乏尊重。

【明道理】

设身处地想，若在对话中遭遇此类嘲讽，您会如何应对？若换作笔者，在情绪难以自控时，或许会选择直截了当地表达不满，甚至会言辞激烈，随后则可能选择断绝往来。

嘲讽，这一言语上的攻击行为，往往蕴含着恶意与刻薄，极易给受害者带来心理创伤。它传递的是对他人的负面评价，聚焦于对方的不足与错误，非但无益于问题的解决，反而可能激化矛盾，引发更深的冲突。

更有甚者，嘲讽对人际关系的破坏力不容小觑。频繁地使用嘲讽作为交流方式，会逐渐在人与人之间筑起高墙，削弱信任，最终导致人陷入孤立。毕竟，谁愿与一位尖酸刻薄之人为伍呢？

要避免嘲讽对话，首先是学会尊重。尊重他人的观点、情感与经历，以开放包容的心态去倾听与理解。其次，谨慎言辞，避免使用任何可能被视为攻击或讽刺的语言。在表达不同意见时，应采取理性、建设性的方式，促进双方的有效沟通。最后，培养积极表达的习惯，即使面对分歧，也能以正面、鼓励的方式传达自己的见解与情感。

【要点总结】

嘲讽，作为一种对话方式，无疑是糟糕的选择之一，它不仅会深深刺痛他人，还可能无情地摧毁原本和谐的人际关系。因此，我们务必警惕，绝不让嘲讽成为沟通中的"隐形杀手"。

相反，我们应当以尊重、理解与包容的心态，去接纳并珍视每一位与我们交流的人。通过真诚的倾听、耐心的理解以及宽广的胸怀，我们可以共同营造一个积极向上、健康和谐的交流环境。在这样的环境中，每个人都能感受到被尊重与重视，从而更加愿意敞开心扉，分享彼此的想法与感受。

⊙先听，不要着急打断对方

在这个快节奏的社会中，我们常常急于表达自己的观点，而忽略了倾听的重要性。然而，真正的对话艺术在于倾听，而不是急于打断对方。学会倾听，不仅是一种礼貌，更是一种难能可贵的智慧。

倾听是一种尊重。在人际交往中，给予对方充分的倾听，是对其最真挚的尊重和关注。不打断对方的发言，让其完整地表达自己的想法，这恰恰展现了我们对他人意见的高度重视。倾听，正是为更深入的交流铺设了坚实的基石。

【对话智慧】

2017 年，在一档备受瞩目的真人选秀节目"奇葩大会"上，选手冉高鸣的身影令人难忘。或许是初次登台的紧张所致，他在辩论过程中显得有些手足无措。就在此时，高晓松突然打断他，严厉地质问："你到底是怎么回事？"这让冉高鸣瞬间陷入尴尬，沉默片刻后方才鼓起勇气继续发言。

而随后，主持人何炅的温暖言语，则缓和了这紧张的氛围。"我对你有一种特别亲切的感觉，因为我在来这里之前，也紧张得不行。"何炅的话语中充满了对冉高鸣的体谅与尊重，他不仅巧妙地缓解了现场的氛围，更为冉高鸣提供了一个缓冲的空间，使其不至于太过难堪。何炅的这一行为，赢得了在场观众的热烈掌声与高度赞誉。

【明道理】

从对话的艺术来看，面对不同的对话对象与场景，我们难免会感到紧张、迷茫甚至出错。有时，对方的言语或许在我们听来并无太大价值，但贸然打断，不仅是对讲话者的不尊重，更可能加剧其紧张情绪，从而错失获取有价值信息的良机。

相反，若能耐心倾听对方的话语直至结束，我们往往能够激发其表达的欲望，使交流的内容更加充实而有价值。因此，培养倾听的能力显得尤为重要。

那么，如何有效地提升我们的倾听能力呢?

一、保持专注是关键。将注意力完全集中于对方身上，避免分心。我们通过眼神交流、肢体语言以及适时的简短回应，来展现我们的倾听态度。

二、学会克制自己的表达欲望。在对方发言时，即使你内心充满见解与想法，也应耐心等待其结束后再进行分享。

三、注重分析与筛选信息。在倾听的过程中，认真捕捉并提炼对方话语中的关键信息，以便在后续的对话中更加精准地回应。

四、培养同理心至关重要。尝试站在对方的角度去理解其观点与感受，这将有助于我们建立更加深厚的情感连接与共鸣。

【要点总结】

倾听，既是学习的过程，也是一种深刻的理解方式。每个人的经历与观点都是独一无二的宝藏，通过倾听，我们能够不断拓宽自己的视野与认知边界。有效的沟通不仅是自我表达的艺术，更是深入理解他人的桥梁。

第三章　真诚是打动对方的唯一通道

⊙ 功成理定何神速，速在推心置人腹

在唐代白居易的《七德舞》一诗中，有这样一句深刻的诗句："功成理定何神速，速在推心置人腹。"这一句诗意在探讨唐太宗为何能如此迅速地建立战功并安定天下，答案便在于他能够真诚地待人。这既是对唐太宗的高度赞誉，也深刻揭示了待人以诚对于成就事业的重要性。

将这一智慧引申至人际交流与对话中，真诚便成为奠定良好沟通不可或缺的基石。在寻求打动对方、让对方倾听我们声音的过程中，掌握对话的艺术至关重要，而真诚则是这一艺术中最具效力的武器。它像一把钥匙，能够打开对方的心扉，让彼此的心灵得以相互贴近，从而实现真正的交流与理解。

因此，在每一次的对话中，我们都应当时刻铭记真诚的重要性，用真心去倾听、去理解对方，同时也真诚地表达自己的想法与感受。这样，我们不仅能更好地与他人建立联系，还能在沟通中不断成长，共同创造更加美好的人际关系。

【对话智慧】

在《非暴力沟通》一书中，作者马歇尔·卢森堡深情地叙述了一段亲身经历。在一个阳光明媚的日子，他受邀前往市中心贫民区的一所学校，

为那里的学生带去一堂特别的课。踏入教室的瞬间，一股异样的气息扑面而来，学生投来的目光中满是戒备，这让他颇感意外与不解。

尽管他主动以亲切的问候打破沉默，学生们却仿佛置身事外，对他的自我介绍也毫无反应。这让他内心略感不适，但他依然保持着职业的风范，努力不让情绪影响授课的进程。

就在这时，一位学生突然高声发问，直指他是否对黑人持有偏见。这突如其来的质疑如同晴天霹雳，让他瞬间愣住了，一时间竟不知如何作答。但这一瞬间也让他意识到，学生真正在意的，是他是否真诚地敞开了心扉。

于是，他立即坦诚地回应："不，我绝不讨厌黑人。我尊重每一个人，包括你们。只是因为我初次站在这里，面对着你们，心中难免有些紧张，但我渴望得到你们的接纳。"这番话语，带着他真挚的情感，瞬间触动了学生的心弦。

接着，他进一步阐述了自己的观点："我们共同生活在一个多彩多姿的社会里，每个人都是独一无二的，拥有独特的背景、文化和经历。我相信，只要我们能够相互理解、相互尊重，就一定能够建立起更加和谐美好的关系。"

他的话语充满了真诚与善意，学生们逐渐被这份情感所感染，开始认真地倾听他的每一句话，并与他产生了强烈的共鸣。为了进一步拉近与学生之间的距离，他还分享了自己与不同种族人士交往的经历，以及对于种族平等的深刻见解。他讲述了自己参与社区活动的点点滴滴，那些与黑人朋友并肩作战、共同奋斗的日子；他还提到了那些杰出的黑人领袖和他们所取得的辉煌成就，以此强调黑人在社会各个领域所做出的重要贡献。

随着这些故事的展开，学生对他的了解也愈发深入。他们的态度变得更加开放和友善，课堂上的氛围也变得越来越轻松愉快。学生开始积极地参与讨论，提出自己的疑问和见解，与他共同探索这个世界的奥秘。看着这一幕幕温馨而感人的场景，他的心中充满了欣慰与满足。因为他知道，自己已经成功地迈出了消除误解、增进理解的第一步。

【明道理】

这次独特的经历触动了他，让他对坦诚与沟通的重要性有了更加深刻的认识。他意识到，唯有当我们勇于敞开心扉，以真诚的态度与他人交流时，那些横亘在人与人之间的隔阂才能被一一打破，从而构建坚不可摧的信任与理解之桥。因此，他下定决心，在未来的教学旅程中，将更加注重与学生们的心灵对话，致力于营造一个平等、包容的学习环境，让每个学生都感受到被尊重与珍视，无论他们的种族、肤色或背景有何差异。

电影《触不可及》中的一句台词尤为触动人心："其实很多时候，你并不需要做什么惊天动地的大事，真诚相待便已足够。"这句话简洁而深刻地揭示了真诚在人际交往中的价值。有效的对话，绝非双方相互敷衍或尔虞我诈的情境，而是两颗真诚之心相互靠近、相互理解的温馨过程。唯有真诚，才能赋予对话以真正的价值与意义，使其成为连接人心、促进成长的桥梁。

【要点总结】 ///

对话的艺术，在于真诚。当我们以真心换取真心时，每一次对话都将成为一次心灵的触碰，一次灵魂的对话。让我们在每一次交流中，都怀揣真诚，用心聆听，用爱回应，共同创造出更多美好而难忘的交流瞬间。

⊙ 真诚对话贵在态度

在这个信息飞速传播的时代，人们愈发渴望真诚的对话。然而，要实现真正意义上的真诚对话，态度很重要，它甚至可能直接决定对话的成败。

【对话智慧】

2014 年，倪萍主持了一档深受观众喜爱的公益节目《等着我》。在节目录制至第二期时，一个温馨而引人注目的细节悄然进入大众视野。每当有求助者走上台前，倪萍总以极其真诚的态度，轻声细语地说："我的腿不好，就不站起来了。"

这句话虽简短，却蕴含着不为人知的深情与故事。原来，倪萍的腿部曾因拍摄某部电视剧时，长时间浸泡在冰冷的水中，而遭受了严重的寒气侵袭，留下了难以根治的病痛。尽管经过悉心的治疗与调养，但长时间站立对她而言，仍是一种难以承受的负担。

在整个节目的录制过程中，这句简单的话语被倪萍不厌其烦地重复着，成为她与每位求助者之间独特的开场白。曾有同事好奇地询问她："每次求助者上场都要说一遍，你不觉得啰嗦吗？"倪萍的回答，却深刻地体现了她对真诚对话的执着与重视。她温柔而坚定地说："虽然这句话听起来或许有些啰嗦，但对我来说，这是对每一位求助者最基本的尊重和礼貌。它能够缩短我们之间的距离，让他们感受到我的真诚与关怀，从而在一定程度上缓解他们的紧张情绪。因此，无论未来如何，我都会继续以最真诚的态度说出这句话。"

倪萍的这份坚持与执着，不仅展现了她对求助者深深的尊重与理解，更彰显了她作为一位优秀主持人的专业素养与人文关怀。她深知，有时候，一句简单而真诚的话语，就足以给那些处于困境、渴望得到帮助的人们带去无尽的温暖与安慰。

【明道理】

倪萍的故事深刻启示我们，在对话的细微之处，即便是一句简单的言语，也能激起对方心中的涟漪。那么，在交流的过程中，我们应当如何措辞，才能使我们的语言充满真诚呢？

一、关键在于以尊重为基石，对待对方及其观点与感受保持充分的信任。这样的态度能够为真诚的对话铺设一片温暖的土壤，让双方都能在轻松和谐的氛围中畅所欲言。

二、倾听是展现真诚的重要一环。认真倾听，不仅是耳朵在工作，更是心灵的共鸣。它传达出我们对对方的重视与尊重，让对方感受到被理解与关注，从而更愿意敞开心扉，分享更多。

三、真诚表达是沟通的灵魂。我们应当勇于袒露自己的真实想法与情感，同时注重语言的恰当与得体。我们用真诚而富有感染力的语言，不仅能够让对方更准确地理解我们的意图，还能加深彼此之间的情感纽带，让对话成为心与心交流的桥梁。

【要点总结】

真诚对话的价值，核心在于我们的态度。唯有秉持尊重、信任的态度，通过积极倾听、开放包容、真诚表达以及持续学习，去迎接每一次对话的契机，我们方能构筑起一座真正意义上的沟通桥梁，实现心灵的深度交流与共鸣。

⊙ 真诚的话让人心悦诚服

一个真诚回应他人询问的人，往往能够赢得他人的信赖与尊重。

在人际沟通的艺术中，话语的魅力并不仅仅源自表达的流畅或口若悬河的才华，更为核心的是在交流中真诚以待。那些真正能够赢得人心、令人肃然起敬的个体，并不一定是那些擅长辞令之人，而是那些在回答时能够自然流露真诚之情的人。

当我们以恰当的言辞传递真诚时，这份真挚便能穿透言语的表层，直抵人心，从而搭建起人与人之间坚实的信任桥梁。对方因信任你这个人而倾向于接纳你的观点，甚至心悦诚服地接受你的劝说。因此，真诚不仅是沟通的润滑剂，更是建立深厚人际关系不可或缺的基石。

【对话智慧】

宋代词人晏殊，以其真挚的言辞与品格在文坛上独树一帜。年仅十四岁时，他便参加了殿试，面对真宗皇帝所出试题，晏殊坦然相告："陛下，此题臣十日前已有所构思，草稿尚存，望陛下另赐一题。"这份难能可贵的真诚，让真宗深感其可信可托，遂赐予他"同进士出身"的殊荣。

任职史馆期间，当京城官员纷纷利用假日外出享乐之时，晏殊因家境清寒，无法随众出行，只得留在家中与兄弟们共读诗书，勤勉不辍。此举非但未减其光彩，反而为他赢得了更多人的赏识。一日，真宗特命晏殊担任辅佐太子的东宫官，此举令众臣诧异。真宗解释道："近见群臣多游宴，惟晏殊与兄弟闭户读书，如此自重自律，正是东宫官之最佳人选。"晏殊领命后，又诚恳地表示："臣亦好游宴，但家贫无以致之。若有钱财，亦恐早已随众。"此言一出，真宗对其真诚品质更加赞赏有加，信任愈深。

晏殊的真诚不仅体现在官场，更贯穿于他的日常生活与人际交往之中。他为人正直，厌恶虚伪与欺诈，总是以一颗真诚的心去对待每一个人，因此赢得了广泛的尊敬与深厚的友谊。

此外，晏殊的文学成就亦是其真诚人格的生动写照。他的词作情感真挚，语言优美，字里行间流露出对生活的深刻感悟与真挚情感，触动了无数读者的心弦。正是这份真诚，让他的词作历久弥新，成为后世传诵的经典。

【明道理】

真诚，这一难能可贵的品质，在晏殊的言行中得到了淋漓尽致的展现，他以其生命故事深刻诠释了真诚所蕴含的巨大力量。晏殊的经历启示我们，无论是在仕途的攀登还是在日常生活的点滴中，保持真诚都是构筑信任与尊重的基石。唯有以真心待人，方能编织出牢固的人际关系网，进而收获人生的成功与幸福。

晏殊的真诚不仅在当时广受赞誉，其光芒更穿越时空，对后世产生了深远影响。他的事迹如同一面明镜，映照出真诚的可贵，激励着后人不断效仿，时刻以真诚之心面对世界，对待生活中的每一个人、每一件事。

曾几何时，我亦遭遇过推销电话的打扰，正欲挂断之际，对方一句"哥，我知道您要挂断电话，恳请您给我几分钟时间，让我把话说完"，以其真诚意外地触动了我。这份坦诚相待，让我放下了防备，决定给予倾听的机会。对方接着解释，因公司任务需完成一定数量的有效电话，言辞中透露出无奈与恳求。我最终选择了耐心听完，这一过程让我深刻体会到，在交流中，真诚的态度往往能够打破隔阂，赢得对方的理解与尊重。

这一经历让我认识到，有效的沟通并不是仅仅依赖于表达的技巧或内容的精彩，更重要的是我们是否能够以真诚的态度去倾听、去理解对方。当我们设身处地为对方着想，用真诚的话语去触动对方的心弦时，即使我们的表达并不完美，也能赢得对方的信任与认同。因此，在人际交往中，我们应当时刻铭记真诚的重要性，以真诚为桥梁，连接彼此的心灵，共同构建和谐美好的人际关系。

【要点总结】

真诚的回答不仅能够彰显我们的人格魅力，还深刻反映出我们的道德品质。在当下的社会环境中，真诚的品质更显得弥足珍贵。一个真诚的人，其言行举止间无不流露出诚实与正直的光辉，这样的品质自然会赢得他人的尊重与敬仰。他们的话语与行动，如同明灯一般，照亮了人际交往的道路，让人感受到信任与温暖。

⊙ 对话真诚，不是"掏心掏肺"

真诚的对话具备一种独特的魅力，能够深深触动人心，使人由衷地信服与接受。在人际交往中，人们普遍渴望能够进行这样一场心灵深处的交流。然而，值得注意的是，我们往往容易对真诚产生误解，将其简单等同于毫无保留地倾诉自我，仿佛要掏心掏肺才算真诚。

但事实并非如此。真诚的对话，并非意味着必须和盘托出，不留一丝余地。它更多地体现在一种坦诚相待、相互尊重的态度上。在对话中，我们既要勇于表达自己的真实想法和感受，又要懂得倾听对方的声音，理解对方的立场与需求。这种建立在相互理解和尊重基础上的交流，才是真正意义上的真诚对话。

因此，当我们追求真诚时，不必过于纠结于是否要倾诉所有，而应更加注重对话的质量与深度。通过真诚的交流，我们可以增进彼此的了解与信任，共同构建更加和谐、融洽的人际关系。

【对话智慧】

大学时代的最后一学期，那段时光充满了对未来的憧憬。当时，我和几位同学幸运地被一家单位选中，进行了初步的面谈，老板对我们的表现颇为满意，并初步确定了实习的时间，只待最后的正式通知。

巧合的是，这家单位与我父亲的一位同事有所关联，父亲出于关心，特意去打听了该单位的情况，并把这些信息转告给我，让我能更全面地考虑是否要接受这个实习机会。

随后的一天，在操场上偶遇了即将与我共赴同一家单位实习的同学，我们自然而然地聊起了这家单位。谈话间，我或许有些过于直率，提及了单位刚成立不久、规模尚小以及技术实力相对薄弱等情况。次日，我又毫无保留地将父亲告知的更多细节告诉了这位同学。

然而，大约两天后，当其他同学都在为即将开始的实习收拾行装时，我却迟迟未收到任何消息。最终，通过一位老乡的口中得知，原来我那天与同学的对话被老板知晓了，他对我的评价因此大打折扣，最终决定取消我的实习资格。

这段经历对我来说是一次深刻的教训。它教会了我在人际交往中，即便是面对看似亲近的伙伴，也需要保持一定的分寸与谨慎，避免过于袒露心声，尤其是在涉及敏感或可能影响个人机会的信息时。这确实是我踏入社会之初的一次"坑"，但也是我成长路上最难忘的一课。

【明道理】

在实际生活中，人与人之间的对话若轻易"掏心掏肺"，往往容易招致以下三种伤害：

一、这等于是将自己的软肋与把柄主动交付他人。若对方心存不轨，便可能利用这些信息作为要挟或控制的手段。即便对方目前并无恶意，但在关系发生变动，如矛盾或利益冲突浮现时，这些秘密也可能成为对方攻击你的利器，这无异于给自己埋下了一颗潜在的"地雷"，难以完全避免其带来的伤害。

举例来说，你或许出于信任，将某个重要秘密告知了一位挚友。你深信他能为你保守秘密，然而，这同时也可能给他带来沉重的心理负担。更有甚者，若此秘密不慎泄露（无论是因你无意间的言谈泄露，还是被他人猜测得知），你的朋友将无端承受"背黑锅"的冤屈。无论你如何表达歉意与信任，这样的阴影都可能长久地影响你们之间的关系，最终也会在你的心灵上留下伤痕。

二、即便你所分享的内容本身并无伤大雅，或是早已成为过往的瑕疵，也不要轻易示人。若你坚持以此作为表达信任的方式，结果往往适得其反。原本他人对你的良好印象，可能因得知这些而转为失望："原来他是这样的人……"这无疑会对你的人际关系造成难以弥补的损害。

三、你或许期待以真诚换得对方的信任，但现实往往不尽如人意。过度坦诚反而可能引发对方的猜忌与防范心理，认为你另有所图，或是不够稳重、难以保守秘密。这样的心态下，他们自然会担忧自己的秘密若交予你，也将难以保全。因此，你的真诚非但未能赢得信任，反而可能加剧彼此间的不信任感。

综上所述，在人际交往中，我们应审慎处理个人隐私与秘密，避免过度的"掏心掏肺"。保持适度的距离与神秘感，既是自我保护的需要，也是构建健康、稳定人际关系的智慧之举；同时，我们也应尊重他人的隐私边界，不轻易窥探或传播他人秘密，以共同维护和谐的人际关系环境。

【要点总结】

在人际交往的广阔舞台上，我们既有可能邂逅心地善良的正人君子，也不得不面对那些狡黠多变、心怀不轨的小人。这，便是现实世界的复杂与多面，既充满温情也暗含挑战。因此，在追求真诚对话的同时，我们无须毫无保留地"掏心掏肺"。

这样的做法，实则是一种自我保护的智慧，它能帮助我们有效规避那些可能由轻信带来的不必要伤害。更重要的是，它促使我们在处理人际关系时，能够采取更加成熟和审慎的态度，以智慧和策略去应对这个纷繁复杂的人际世界。

通过保持适度的自我保留与警觉，我们不仅能更好地维护自己的利益与情感安全，还能在复杂的人际网络中游刃有余，从而建立起更加稳固和健康的人际关系。这样的交往方式，既是对自己的负责，也是对他人的一种尊重与理解。

第二部分
白银段位：说话有底线

第四章　让对话保持友好

⊙寒暄是一种很有必要的对话方式

在对话中，寒暄是一种极其必要的交流方式，它在我们的日常生活中扮演着重要的角色。一方面，它可以打破沉默，消除尴尬；另一方面，还能传递友好与尊重。在与他人交往中，恰当的寒暄能让对方感受到我们的善意与礼貌。

【对话智慧】

我们来详细分析一下甲、乙两人相遇时的寒暄对话过程：

甲："你好！好久没见您了！"

这句简单的问候，不仅表达了甲对乙的友好和关注，还传递了一种温暖的情感。甲用"好久没见"来强调时间的跨度，让乙感受到乙在甲心中的重要性。

乙："是啊。我也好久没见您，您这是去哪儿。"

乙的回应也显示出他对甲的关注和礼貌。他用"是啊"表示认同，再加上"我也好久没见您"，进一步强化了双方的共同感受，拉近了彼此的距离。

甲："去××商场给孩子买点儿东西。"

甲主动介绍了自己的行程，让乙了解他的目的，同时也展示了他对家庭的责任和关心。

乙："到一个朋友家去，今天他过生日（然后点头微笑）。"

乙也分享了自己的去向，并且特别提到是朋友的生日，这显示出他对朋友的重视。他的点头微笑则增添了一种亲切和友好的氛围。

最后，甲和乙互相道别，整个寒暄过程在友好、热情的氛围中结束。在这个过程中，甲乙双方都表现出了高度的礼貌和热情，他们的交流得体、自然，给对方留下了良好的印象，这种积极的印象将为他们未来建立更亲密的关系奠定基础。

相反，如果一方表现出积极的寒暄态度，而另一方只是消极应付，那么双方的平衡就会被打破。例如：

甲："你好！好久没见你了。"

乙："嗯。"

甲："最近忙吧？"

乙："不忙。"

甲："到哪里去呢？"

乙："去商场。"

甲："再见！"

乙："再见！"

【明道理】

在这个例子中，甲积极主动地与乙寒暄，但乙的回应却异常简短且显得消极。乙的"嗯"和"不忙"等简单回应，让甲感到自己的问候并未得到相应的回馈，从而可能对乙的态度产生不满情绪。这种交流中的不平衡，可能导致甲在未来与乙相遇时选择不再主动打招呼，长此以往，双方的关系或将逐渐疏远。

成功的交际者往往比较主动。他们善于抓住这稍纵即逝的机会，通过友好、热情的交流，在短时间内留下出比长时间谈话更为深刻且良好的印象。他们深知，一个简单的微笑、一句贴心的问候，都可能成为构建深厚友谊的起点。这种积极的寒暄态度，不仅能让对方感受到被欢迎和重视，还有助于在彼此之间建立起信任和尊重的桥梁。

此外，积极寒暄还能有效缓解陌生人之间的紧张氛围和尴尬情绪，为后续的深入交流创造有利条件。在社交场合中，主动向他人寒暄，展现出自己的友善与开放，往往能吸引更多人主动与你交往。因此，我们应当努力学习和培养这种积极寒暄的能力，让每一次的相遇都成为增进人际关系、加深彼此了解的宝贵机会。

寒暄，作为一种简单而实用的社交技巧，它如同一把钥匙，能够轻易地开启人与人之间沟通的大门，适用于多种场合和关系之中。

一、初次见面。当你邂逅一位新朋友时，一句"您好，很高兴认识您！"的温馨问候，瞬间便能打破彼此间的陌生壁垒，为后续的交流铺设坚实的基石。

二、工作场景。在职场中，与同事相遇时，一句"早上好，今天工作顺利吗？"的寒暄，不仅传递了对同事的关怀之情，还能有效营造出一个和谐、积极的工作氛围。

三、社交场合。在参加聚会时，对久未见面的朋友说一声"好久不见，最近在忙什么呢？"的简单问候，足以让对方感受到你对朋友的挂念与关心，从而拉近彼此的距离。

四、生活日常。与邻居相遇时，一句"今天天气不错啊！"的轻松寒暄，既自然又亲切，有助于增进邻里间的和谐与融洽。

五、电话沟通。在拨打电话时，先以"最近怎么样？"作为开场白，能让对方感受到你的关切之情，为接下来的对话奠定一个温馨而友好的基调。

六、网络交流。在社交媒体上，同样可以运用寒暄来开启对话，比如"嗨，你好，最近有什么新鲜事吗？"这样的开场白，能让聊天过程更加顺畅愉快。

寒暄，这一简单的交流方式，不仅能让我们的对话更加流畅无阻，更能为生活增添一份温馨与关怀。因此，切勿轻视一句轻轻的问候，它或许能带来意想不到的积极效果。

当然，在进行寒暄时，我们需留意场合与对象，依据实际情况选择恰当的话语。同时，保持真诚与自然的态度至关重要，以免让寒暄沦为空洞的形式。相信只要大家用心去感悟与实践，定能掌握寒暄的艺术，从而进一步促进人际关系的和谐与融洽。

【要点总结】

寒暄在建立和维护人际关系中扮演着重要角色。通过与他人进行寒暄，我们能够加深相互了解，增进彼此间的感情。即便是简短的交流，也能在对方心中留下美好的印象，为未来更加深入的交往奠定坚实的基础。

然而，值得注意的是，寒暄也需把握适度与真诚的原则。过度的寒暄可能会让人觉得虚假或不自然，缺乏真诚的寒暄则难以触动人心。因此，在寒暄时，我们应当保持适度、真诚与自然的态度，让对方真切地感受到我们的诚意与关怀。

⊙ 谈利益，总是那么有诱惑

如何让对话更加友好且顺畅，是我们在交流过程中必须深入思考的问题。当我们与他人进行沟通时，若能从对方的立场出发，关注并理解他们的需求与关注点，这样的对话自然会变得更加和谐流畅。以商务谈判为例，若我们能深入了解对方的利益诉求，并努力寻找双方都能接受的共赢方案，那么谈判过程将更为顺利，也更容易促成双方的合作。因此，在对话中妥善地讨论利益问题，无疑是增进对话友好氛围的一种有效策略。

【对话智慧】

在一条熙熙攘攘的街道上，两家店铺毗邻而居——一家是烤鸡店，另一家则是火锅店。烤鸡店门庭若市，顾客络绎不绝；而火锅店，却门可罗雀，老板心中不禁生出几分困惑。为了解开这个谜团，火锅店老板决定亲自前往烤鸡店一探究竟。

烤鸡店的老板热情地迎接了他，火锅店老板开门见山地表达了自己的疑惑："我始终想不明白，为什么我的火锅店生意不如你的烤鸡店，明明我的火锅味道也相当不错啊。"

烤鸡店老板听后，微笑着给出了答案："其实秘诀很简单，我非常注重与每一位顾客的交流，尽量了解并满足他们的个性化需求。"

火锅店老板闻言，更加好奇地问："谈需求？具体是怎么做的呢？"

烤鸡店老板进一步解释道："每当有顾客走进我的店铺，我首先会询问他们喜欢什么样的烤鸡味道，是偏爱鲜嫩多汁还是略带焦香，倾向于传统五香味还是刺激的麻辣味。基于顾客的喜好，我会精心准备符合他们口味的烤鸡。这样一来，顾客便能感受到我对他们需求的重视，而不仅仅是在售卖产品。"

火锅店老板听后恍然大悟，连声道谢："原来如此！我明白了，我也应该学会与顾客深入交流，了解他们的真实需求。"

带着新的领悟，火锅店老板回到了自己的店铺，并立即开始实施新的策略。他主动与顾客沟通，询问他们的口味偏好，根据顾客的需求调整火锅的配料和口味。不久之后，火锅店的生意果然逐渐转好，顾客们纷纷称赞这家火锅店贴心，能够完美契合他们的口味。

而烤鸡店的老板，对于火锅店的积极变化感到由衷的高兴。他没有因为竞争对手的崛起而感到压力，反而认为这是整条街道商业生态健康发展的体现。两家店铺的共同努力，让这条街道变得更加繁荣兴旺，吸引了更多的顾客前来光顾。

【明道理】

这个故事深刻地启示我们，在对话中谈及利益，实则是增进理解与连接的桥梁，而非避之不及的雷区。当我们主动将焦点对准对方的利益所在，便能够更深刻地洞察其需求与期望，进而构筑起更加稳固和谐的人际关系。这种基于相互理解与尊重的交流方式，不仅能够使对话过程流畅无阻，更能在实践中催生诸多益处，促进双方共赢的局面。

利益的交流是构建稳定且可靠关系的核心要素，当我们的利益与他人相契合时，互信与合作的基石便自然形成，关系也随之更加坚固。这种基于共同利益的关系不仅在商业合作中占据举足轻重的地位，同样在人际交往中发挥着不可小觑的作用。

在商业领域，各方通过设定共同的利益目标，能够携手构建长期的合作伙伴关系。他们并肩作战，共同追求经济利益，勇于分担风险并共享成果，相互扶持达成商业上的辉煌成就。这种稳定的合作关系，如同催化剂一般，促进了创新思维的涌现，提升了运营效率，并显著增强了企业的市场竞争力。

而在人际交往的广阔天地中，利益同样呈现出多元化的形态。它可能源自共同的兴趣爱好、追求的共同目标，或是契合的价值观。当个体间拥有相似的利益追求时，友谊的栋梁将更加牢固，相互支持的关系也愈发深厚。人们会自然而然地倾向于相互协助、资源共享，并在对方需要时伸出援手。

此外，通过利益的交流，我们能够更深入地洞察他人的内心需求与期望。这种深刻的理解促使我们在人际交往中展现出更多的体贴与关怀，从而进一步巩固了关系的稳定性。以家庭为例，家庭成员基于共同的经济利益来规划家庭的未来，齐心协力为实现家庭的幸福与稳定而不懈努力。

然而，值得强调的是，利益虽重要，却不应成为关系的唯一核心。在人际关系的构建中，情感的纽带、相互的信任以及深切的尊重同样不可或缺。唯有当利益与情感、信任相互交织，相辅相成时，关系才能持久而健康。

【要点总结】

谈及利益，确实能够营造更加友好的对话氛围，进而帮助我们构建更加和谐的人际关系。在与人交流的过程中，我们可以尝试从利益的角度出发，积极关注并回应对方的需求与期望。这样的做法不仅能显著提升对话的成效，还能让我们的社交圈因之而更加温馨美好。

然而，值得注意的是，强调利益并不等同于我们可以忽视情感与道德的重要性。在任何对话或交往中，我们都应当时刻保持对他人感受的尊重，并恪守基本的道德原则。利益虽是一个关键的切入点，但它仅仅是众多考量因素中的一个，而非全部。通过平衡利益与情感、道德的关系，我们能够更加全面地理解他人，从而建立起既稳固又充满温情的人际关系。

⊙ 留个悬念，有个期待

在对话中留个悬念，就像是给对方抛出一个神秘的鱼饵，让对方迫不及待地想要咬上一口，一探究竟。这种技巧不仅能让对话更具吸引力，还能激发对方的好奇心和兴趣，促使他们去思考、猜测，期待着答案的揭晓，让他们沉浸其中。

【对话智慧】

曾有一个美国烟草商人踏上了法国的土地，旨在推销他的烟草。他站在巴黎的大街广场上，滔滔不绝地向人们宣扬香烟的种种益处。

正当他夸夸其谈之时，一位老人不慌不忙地走上台来，对众人说道："除了刚才那位先生所说的好处之外，我还知晓抽烟的三个好处：其一，狗会惧怕抽烟的人；其二，小偷不会偷盗有抽烟的人的家庭；其三，抽烟的人不容易衰老。"

烟草商人以为老人是来为自己助力的，赶忙致谢。他和台下的观众一样，对老人的话语感到困惑，不明白抽烟与这三件事之间有何关联。

在他和观众的鼓励下，老人缓缓道来："第一，抽烟的人会驼背，狗见了，还以为是要捡石头砸它，自然会害怕；第二，抽烟的人晚上常常会咳嗽，小偷听见咳嗽声，会以为主人家还没睡，自然不敢行窃；第三，经常抽烟的人容易生病，往往等不到衰老便已离世。"

老人话音刚落，台下笑声四起，而那位烟草商人早已没了踪影。

【明道理】

这位老人讲话的成功之处是他巧妙地设置了一个悬念，激起了众人的好奇心。当所有人的注意力都被吸引过来后，他才用幽默诙谐的语言阐述自己的观点。如此一来，他的观点更容易引起人们的重视和认同。

在对话中，我们也可以采用这种方式创造良好的对话氛围，比如，当你说："昨天晚上我遇到了一件非常奇怪的事情……"这时，对方的好奇心就会被激发起来，他们会想知道到底发生了什么奇怪的事情。这种悬念会让他们一直关注着对话的发展。

当然，留下悬念也要注意分寸。不能太过刻意，也不能让悬念太过复杂，否则可能会让对方感到困惑和失望。要在适当的时候，以一种自然而然的方式留下悬念，让对方在不知不觉中被吸引。

以下是一些对话中留悬念的技巧，供参考：

一、暗示与伏笔。通过一些细微的线索，让他们在脑海中拼凑出故事的拼图。

二、问题的悬挂。提出一个引人入胜的问题，但不要立刻给出答案。

三、情节的转折。突然改变对话的方向，引入意想不到的情节。

四、角色的秘密。通过在对话中透露一些线索，让对方产生好奇。

五、时间的延迟。不要急于揭示重要的信息，适当地拖延时间，增加对方的期待感。

六、语气的变化。用语气的变化来暗示悬念，比如突然变得严肃或者神秘。

七、留下空白。在对话中留下一些空白，引发他们的想象和思考。

八、反转与惊喜。出人意料的反转和惊喜是制造悬念的绝佳方式。

九、保持神秘。不要把所有的事情都解释得一清二楚，保持一定的神秘性。

切记，悬念要用得恰到好处，不要太过刻意，不然就会像过度拉紧的橡皮筋一样，失去弹性！

【要点总结】〰〰〰〰〰〰〰〰〰〰〰〰〰〰〰〰〰〰〰〰〰〰〰〰

在对话中留个悬念，是一种非常有效地吸引对方的方法。它能让对话更加生动有趣，让对方更加投入。就像一部好的电影，总是在关键时刻留下一些悬念，让观众在离开电影院后还沉浸在剧情中，不断思考和回味。

⊙当个"学生"，提升对方对话的兴趣

在与对方进行对话交流的过程中，有时我们可能会感到难以找到共同话题，或者察觉到对方对我们的话题似乎并不太感兴趣。面对这种情况，一个简单且有效的方法就是：扮演学生的角色。当我们以学生的姿态去交流时，会让对方感受到自己的知识和经验是被珍视和尊重的，因此他们会更倾向于与我们分享他们的见解和经历。

【对话智慧】

有一次，我和朋友们聚会，在饭局上，大家起初聊得热火朝天，但渐渐地话题似乎枯竭了，空气中弥漫着一种微妙的尴尬，仿佛进入了"尬聊"的境地。

鉴于其中一位朋友从事汽车行业，为了打破这个僵局，我主动开口说："其实我一直对你们汽车行业特别感兴趣，特别是那款某某车，能不能给我科普一下它的相关知识呢？"

朋友们听后，立刻热情地回应："当然可以，说起那款车……"

就在那一刻，仿佛触碰到了朋友的兴奋点，他滔滔不绝地为我讲述了近半个小时，从车的性能到设计理念，再到市场反响，无一不涉及。

这次经历让我深刻体会到，在交流中，适时地扮演一个"求知者"的角色，不仅能够有效地激发对方的表达欲望，使对话氛围变得更加轻松愉悦，还能让自己在不经意间收获到许多新知识。

【明道理】

请教是一种表达对他人知识和经验深刻尊重的方式，同时它也能有效激发对方分享的热情。当你以请教的姿态与对方交流时，他们会感受到自己的观点和见解得到了重视，从而更加乐意投入对话中来。

那么，如何恰当地运用请教的策略呢？以下是一些实用的技巧供您参考：

一、展现真诚的好奇心。在对话中，真诚地表达你对对方所擅长或感兴趣的领域的浓厚兴趣。通过具体而细致的提问和寻求建议，让对方感受到你的学习热忱。例如，你可以说："我最近对（对方感兴趣的领域）特别着迷，你能给我详细讲讲吗？"或者"你在（对方擅长的领域）上真的非常出色，能不能传授我一些实用的技巧呢？"这样的提问方式能让对方感受到被重视，从而更加积极地响应你的请求。

二、提出具体明确的问题。避免使用过于宽泛或模糊的问题，而是尽量提出具体、有针对性的问题。这样做有助于对方更清晰地理解你的需求，从而给出更加详细和深入的回答，促进双方之间的深入交流。

三、分享个人见解。在请教的过程中，不妨适时地分享你自己的看法和经验，这不仅能展现你的思考深度，还能与对方产生共鸣，进一步激发对方的交流兴趣。

四、认真倾听并给予反馈。当对方回答你的问题时，请务必用心倾听，并给予积极的反馈。这不仅是对对方尊重的体现，也能鼓励他们继续分享更多的想法和信息。

五、灵活拓展话题。根据对方的回答和反馈，灵活地提出新的问题或引出新的话题。这样做有助于保持对话的连贯性和趣味性，让交流更加顺畅和深入。

【要点总结】

成为一个"学生"是激发对方对话兴趣的一种巧妙策略。通过请教的方式，你不仅能够显著提升对方的参与热情，还能促进双方建立更深入、更有意义的人际关系。

第五章　对话有底线，有些话不能说

⊙ 说话勿满，给自己留三分

老话说得好："话不说尽有余地，事不做尽有余路，情不散尽有余韵。"在日常的沟通对话中，我们不难发现，有些人习惯于将话说得满满当当，不给自己留下丝毫回旋的余地。他们可能认为这是一种自信和直接的表达方式，但实际上，这种沟通策略往往容易给自己和他人带来不必要的困扰。

学会在沟通中适时地"留白"，给自己和对方都留下一些思考和调整的空间，不仅能让交流过程更加顺畅自然，还能展现出一种难能可贵的智慧和成熟。这样做，不仅能够避免因言语过激或绝对化而导致的误解和冲突，还能在关键时刻为自己保留一分余地，以便灵活应对可能出现的各种情况。

因此，在沟通中学会适度保留，不仅是对他人的一种尊重，也是对自己的一种保护。让我们在交流中多一些理解，多一些包容，共同营造一个和谐、融洽的沟通氛围。

【对话智慧】

有一家公司即将启动一项新项目，为了确保项目顺利推进，需要先完成一系列前期准备工作，包括项目团队的组建、项目报批等关键步骤。在一次中高层管理会议上，老板特别询问了谁能胜任并高效完成这一重要任务。

新上任的项目总监刘浩毫不犹豫地站了出来，自信满满地表示："我可以负责这项工作。"老板随即追问："预计需要多长时间完成？"刘浩信心十足地回答："一个星期之内，我绝对能搞定。"鉴于他的坚定态度、老板决定将这项重任交给刘浩。

然而，时间如白驹过隙，转眼间一周的时间就过去了，但项目的前期准备工作却未见明显进展。面对这一状况，刘浩显得有些尴尬，他向老板坦诚道："这项工作实际上比我最初预想的要复杂得多，看来还需要额外的时间来妥善处理。"

虽然老板最终同意给予刘浩更多的时间去完成任务，但这次经历却让老板对刘浩轻易做出承诺的行为非常反感。这也提醒了大家，在承担任务时应更加审慎，确保对任务的难度和所需时间有充分的评估和准备。

【明道理】

说话留有余地，是一种展现谦逊与智慧的态度。它意味着我们愿意倾听并接纳不同的声音和观点，而非固执己见，拒绝变通；同时，这种做法也是对自己的一种保护，避免因过度承诺或绝对化的言论而陷入无法挽回的尴尬境地。当事情发展超出预期时，我们能够更加灵活地调整策略，而不被先前的言辞所束缚。

在我身边就有这样一个生动的例子。某日，朋友们聚餐，酒酣耳热之际，甲友得知乙友在某公司任职，便大言不惭地表示："你们公司老板跟我关系铁得很，关于你加薪的事，我已经跟他说了好几次了，放心，我肯定让他给你涨工资。"乙友的妻子在一旁听后，连忙示意甲友住口，但他却未加理会，继续夸夸其谈。事后，乙友妻子私下对甲友透露："我老公的老板其实是他姐夫。"此言一出，甲友顿感无地自容，只能苦笑自嘲："装习惯了！"

这个例子深刻说明了说话不说满的重要性。首先，它体现了对他人的尊重与谦逊，有助于建立和谐的人际关系。毕竟，没有人喜欢与一个自以为是、爱说大话的人交往。其次，避免绝对化的言论可以减少不必要的争执与冲突，让交流更加顺畅和愉快。在表达观点时，保持一定的灵活性和开放性，既能传达自己的意见，又能尊重对方的立场，促进双方的理解和共识。

那么，如何做到说话留有余地呢？以下几点或许能提供一些启示：

一、使用委婉的措辞。在表达观点时，尽量采用"我觉得""我认为"等词语作为开头，避免使用过于绝对化的表述。这样既能清晰传达自己的想法，又能给对方留下思考的空间。

二、考虑多视角。在讨论问题时，不妨从多个角度出发进行思考，并尝试将不同的观点融入自己的论述中。这样做不仅能展现自己的全面性和包容性，还能促进更深层次的交流与理解。

三、保持低调与谦逊。不要过分张扬自己的成就或能力，而是以平和、谦逊的态度与他人相处。适当的谦逊会让自己更加受欢迎，也能赢得他人的尊重与信任。

总之，说话留有余地是一种高情商的表现，它能让我们的沟通更加顺畅、有效，也能帮助我们更好地与他人相处。在日常生活中，我们应该时刻注意自己的言行举止，努力成为一个懂得谦逊与包容的人。

【要点总结】

说话不说满，确实是一种自我保护的智慧方式。生活总是充满了未知与变数，事情的进展往往难以精准预测。当我们过于绝对地表达意见或承诺时，一旦遭遇不可预见的转折，就可能使自己陷入被动甚至尴尬的境地。相反，保持话语的灵活性，给自己和对方都留有一定的余地，便能在面对突如其来的变化时更加从容不迫，游刃有余地应对各种情况。这样的沟通方式不仅减少了因失误而带来的负面影响，还体现了个人处事的成熟与稳重。

⊙ 忌讳之语，坚决不说

我们的言语，恰似一柄双刃剑，既能播撒温暖与善意的光芒，也潜藏着伤害与冲突的锋芒。而那些忌讳之语，更是如同锋利的刀刃，一旦脱口而出，便可能在人际交往的织锦上留下难以愈合的裂痕。

一是忌讳之语往往裹挟着攻击性与伤害性，它们如同暗流涌动，轻易便能激起对方心中的负面情绪，进而触发不必要的争执与矛盾。试想，以刻薄之辞直指他人痛处，或以侮辱性语言嘲笑对方，这样的行为无疑是在人际关系中埋下了冲突的种子。

二是忌讳之语的使用会严重侵蚀信任与尊重的基石。当我们的言语偏离了恰当与尊重的轨道，对方很可能将我们的行为解读为缺乏真诚与关怀，进而对我们的信任产生动摇。信任的瓦解，往往伴随着关系的疏远与冷漠，使得原本和谐的人际氛围变得紧张而脆弱。

【对话智慧】

公元462年，宋孝武帝刘骏的宠妃殷氏不幸离世，刘骏因此深陷于无尽的悲痛之中，每天均会前往爱妃的陵墓，痛哭流涕，难以自拔。满朝文武百官皆紧随其侧，一同跪地哀悼，悲伤之情溢于言表。

然而，在这众人皆哀的氛围中，却有一位才子谢庄，他并未随波逐流，放声痛哭，而是选择以一种独特的方式——撰写《殷贵妃诔》一文，来寄托对殷贵妃的哀思，并试图以此博取刘骏的欢心。

当刘骏听闻此文后，便问谢庄："你写的这篇文章，究竟是何意旨？"谢庄闻言，顿时精神振奋，滔滔不绝地向刘骏阐述起了文章中所蕴含的深意与情感。

然而，刘骏并未因此满足，他进一步追问："在我的爱妃离世的今日，你希望通过这篇文章传达何种情感？"这突如其来的问题让谢庄倍感压力，他紧张不已，最终竟在刘骏一连串的询问之下，因过度紧张而昏厥过去。

此事之后，谢庄因未能妥善应对刘骏的询问，而被打入天牢，失去了自由。直到多年后，刘骏驾崩，谢庄才得以重获自由，走出天牢。这段经历，无疑成为谢庄人生中一段难忘而又复杂的记忆。

【明道理】

这个故事深刻地揭示了沟通艺术中的一个重要原则：在对话交流中，务必谨慎选择言辞，特别是在某些敏感或特定的场合下避开忌讳之语，否则可能引起不必要的冲突，甚至造成严重的后果。

那么，哪些语言在对话中应当被视为忌讳呢？

一、是直接的批评与无端的指责。诸如"你怎么这么笨啊！"或"这都是你的错！"此类言词，不仅会深深刺痛对方的自尊心，还极易激起对方的反感和抵触情绪，从而严重损害沟通的有效性。

二、侮辱与讽刺的言语同样应当避免。像"你这个失败者"或"你有什么用"等说法，如同沟通中的毒药，不仅毫无尊重可言，还极易引起双方之间的争执与冲突。

三、中伤或伤害他人感情的话语也是大忌。比如"我再也不想见到你了"或"我后悔认识你"等，这些话语如同锋利的刀刃，可能给对方带来无法愈合的心理创伤，对双方关系造成难以挽回的损害。

此外，还需注意的是，不同的文化和地域背景下，往往存在着各自独特的语言禁忌。例如，在某些文化中，直接谈论死亡或相关话题被视为不吉或冒犯。因此，在跨文化交流时，我们更应深入了解并尊重对方的文化习俗与语言规范，以免无意中触犯禁忌。

那么，如何有效避免在对话中说出忌讳之语呢？

一、学会控制情绪。情绪高涨时，我们往往容易冲动发言，因此保持冷静与理智，避免情绪化的言辞至关重要。

二、尊重他人的感受与观点是沟通的基础。我们应持开放心态，积极倾听并理解对方，而非轻易否定或指责。

三、积极友善的语言是沟通中的润滑剂。通过鼓励与赞美的话语来表达自己的观点，不仅能够让对方接受，还能营造出温馨和谐的交流氛围。例如，用"我觉得你的想法很有启发性"来替代"你的想法有点儿偏离实际"，这样的表述既中肯又充满建设性，有助于促进双方的深入交流与合作。

【要点总结】

最后，我们应当时刻铭记"己所不欲，勿施于人"的古训。若我们自身不愿听到的言语，就应避免轻易对他人说出。学会设身处地地为他人着想，是达到真正尊重与理解他人的关键所在。避免使用忌讳之语，不仅是一种个人修养的体现，更是一种生活智慧。在各种不同的情境下，我们都应努力掌握并运用恰当的语言来表达自己的观点，同时尊重并顾及他人的感受，以此为基础，方能构建起和谐、良好的人际关系。

⊙ 与其辩论，不如"旁敲侧击"

在对话交流中，当面对与自己意见相左的观点时，有些人倾向于立即采取辩论的方式，企图通过说服对方来改变其立场。然而，这种做法往往容易激起更多的矛盾，最终可能难以达成良好的沟通效果。实际上，在生活的诸多情境中，选择争辩并非明智之举。

相比之下，一种更为有效且和谐的沟通策略是采取侧面沟通的方式。这意味着在表达自身观点的同时，尝试以更加间接、温和或建设性的角度与对方交流，寻求共识或理解。这样的沟通方法，有时能够意外地打开对方的心扉，促进双方更深入地理解和合作，从而获得意想不到的良好效果。

【对话智慧】

一天，小镇上的一位智慧老者与一名年轻气盛的学子在街角偶遇。学子手中紧握着一本崭新的科学杂志，封面上的最新科技发明令他兴奋不已，而老者则悠闲地拿着一本古典哲学书籍，享受着午后的宁静。

学子看到老者手中的书籍，不禁心生轻蔑，认为在现代科技面前，古典哲学已过时无用。但他没有直接表达这种看法，而是决定用一种更温和的方式与老者交流。

学子微笑着对老者说："尊敬的前辈，您手中的书籍定是蕴含了千年的智慧结晶，让人敬仰。我听说，在这个快速发展的时代，许多科学家都从古代哲学中寻找灵感，以解决现代科技的难题。您认为，古典哲学与现代科技之间，是否存在某种微妙的联系呢？"

老者听后，眼中闪过一丝赞许的光芒，他缓缓放下手中的书籍，开始与学子探讨起古典哲学与现代科技之间的交融与碰撞。老者用深入浅出的方式，向学子展示了哲学思考如何帮助科学家拓宽视野，解决复杂问题。

在对话的过程中，学子逐渐放下了原有的偏见，开始以一种全新的视角看待古典哲学。他没有直接与老者辩论，而是通过请教的方式，让老者自己展示出了古典哲学的价值所在。

最终，这次对话不仅让学子受益匪浅，也让他深刻体会到了侧面引导的魅力。他意识到，面对与他人的观点差异，直接辩论往往难以达到真正的共识，而通过巧妙的引导，让对方自己发现问题、认识真理，才是更为有效且和谐的沟通方式。

【明道理】

从对话艺术的角度来看，这则寓言故事深刻地启示我们：与对方观点不一致时，争辩往往可能加剧冲突，且未必能成功说服对方。因此，学会运用迂回对话，采取侧面沟通的策略，是更为明智且有效的沟通方式。

侧面沟通并非逃避问题，而是一种充满智慧与策略的沟通艺术。它能够巧妙地绕过激烈的争论，降低冲突的可能性，为双方营造一个相对平和、理性的交流环境，使彼此都能更加从容地阐述自己的观点。

在职场中，这一策略尤为重要。比如，当与同事就项目方案产生分歧时，切忌急于求成，争个高下；相反，应先从同事的角度出发，耐心倾听其观点与顾虑，展现出对对方的尊重与理解。随后，再以建设性的方式提出自己的见解，这样的沟通方式往往能增进共识，促进团队合作。

家庭生活中同样如此。与家人的意见不合时，可尝试采用侧面沟通的方法，通过分享个人经历、讲述相关故事等方式，引导家人从不同角度思考问题，从而逐步达成共识，维护家庭的和谐与幸福。

然而，要成功运用侧面沟通，还需掌握一定的技巧。首先是保持冷静与客观，避免情绪化地表达观点。其次，深入理解对方的立场与需求，做到知己知彼。最后，运用恰当的语言与方式传达自己的想法，既要清晰明了，又要避免过于强硬或直接，以免引发不必要的抵触情绪。

【要点总结】

侧面沟通确实是一种极具价值的沟通方式，值得我们尝试。通过侧面沟通，我们能够理解他人的立场、情感和需求，从而有效地化解潜在的矛盾与冲突。这种沟通方式有助于构建更加和谐、稳固的人际关系，为我们的生活和工作带来积极的影响。

第六章　看人说话，让对话更高效

⊙ 说话看年龄，长幼要分清

在这个多彩纷呈的世界里，语言作为我们沟通的桥梁，承载着传递思想、情感与文化的重任；而年龄，则作为我们交流背景中的一块重要基石，影响着沟通的深度与方式。因此，在对话的舞台上，年龄无疑是一个不可忽视的考量因素。

当我们与不同年龄段的人交流时，应当敏锐地察觉并尊重彼此的年龄差异，进而选择恰当的语言风格和表达方式。这种"长幼有序"的传统观念，不仅体现了对年长者的尊敬与对年轻者的关怀，更是社交场合中一种高明的智慧。它要求我们在沟通中既不过于随意轻率，也不失分寸与礼貌，以确保对话的顺畅与和谐。

【对话智慧】

我有一位老同学，自大学时代起便以交际能力著称。多年来，我们同处一城，每次相聚出游，都能深刻感受他的独特魅力。

记得某个周末，我们相约公园散步。途中，他偶遇一位头发斑白的老爷爷正耐心地教导小孙子放风筝。那温馨的画面吸引了他，于是他微笑着上前打招呼："您好，看您放风筝的技巧真是了得，能否也指点我一二呢？"老爷爷欣然应允，两人便开始了愉快的交流。他特意调整语速，以清晰易懂的方式请教，同时展现出极大的学习热情，不时地点头附和，使得老爷爷更加乐意分享风筝背后的历史文化与放飞技巧。

另一次，在图书馆，我们注意到一位大学生显得焦虑不安，正埋头于资料堆中。他敏锐地察觉到对方的困境，便以温和的语气主动询问是否需要帮助。面对大学生的求助，他凭借自己的专业知识与经验，提供了宝贵的建议，并鼓励对方保持自信，分享了自己参与学术研讨会的经验与心得。大学生的焦虑情绪因此得到了缓解，对他充满了感激。

而在最近的一次家庭聚会中，面对几个哭闹不止的小孩，他再次展现了他的独特魅力。他蹲下身体，以孩子的视角和平等的态度，用充满童趣的语言讲述一个个引人入胜的故事。孩子们很快被他的故事吸引，不再哭泣，沉浸在欢乐之中。朋友们见状，纷纷赞叹他哄孩子的本领。

这些事例无不彰显了他高超的沟通技巧与对不同人群需求的敏锐洞察，使他在各种场合下都能游刃有余地与人交往。

【明道理】

在与这位老同学的交往中，我们深刻领悟到，与不同年龄层的人沟通时，需灵活运用不同的语言风格和交流策略。

面对年幼者，我们应如同春风拂面，温暖而细腻，采用简单易懂、亲切和蔼的语言，传递满满的关爱与正面鼓励。我们的言辞应如同春雨般细腻滋润，滋养他们幼小的心灵，赋予他们茁壮成长的力量。这种沟通方式，如同在稚嫩的心田上播种希望，让爱与信任生根发芽。

而与年长者交流时，则应展现出谦逊与尊重，以恭敬的态度倾听他们的教诲，汲取他们丰富的人生智慧与宝贵经验。年长者的睿智与沉稳，如同历经风霜的果实，蕴含着生活的真谛与哲理，值得我们细细品味与学习。

此外，年龄的差异还赋予了我们不同的视角与体验。年幼者的天真烂漫，让我们重温那份纯真的快乐与无限的好奇心，感受到生命的勃勃生机；而年长者的深邃洞察，则让我们在纷繁复杂的世界中寻找到方向，领悟生命的意义与价值。在与不同年龄层的人交流中，我们不仅能够拓宽自己的视野，更能在他们的故事中汲取人生的养分，丰富自己的内心世界。

因此，这种根据年龄差异调整沟通方式的艺术，就如同演奏一首和谐美妙的交响乐，让每一个音符都恰到好处地融入对话之中，共同奏响一曲关于理解、尊重与成长的动人乐章。

【要点总结】 ∿∿

"说话看年龄，长幼要分清"，这是一种对他人的尊重，也是一种自我修养的体现。更是一种对话的艺术，我们需要不断学习和提升自己的修养。多读书，丰富自己的词汇和知识；多观察，了解不同年龄段人的特点和需求；多思考，用心去感受他人的情感和立场。以此来不断改进自己的表达方式。

⊙ 说话看性格，语言分轻重

每个人都有其独一无二的人格特质，因此，几乎每个人都拥有自己别具一格的说话方式。这种独特的表达方式，往往能够深刻地折射出个人的性格特点。例如，性格外向的人，在言谈中可能表现得更为直率与不拘小节，而性格内向的人则可能倾向于含蓄与腼腆。针对不同性格的人，语言使用的分寸与力度，对于沟通的效果往往起着至关重要的作用。

【对话智慧】

在这个浩瀚的世界中，存在着众多独一无二的个体。其中，李涵与张群，两位性格迥异的人，在命运的巧妙安排下，于一次活动中不期而遇。

李涵，如同春日里温暖的阳光，她的笑容轻柔而明媚，总能轻易穿透人与人之间的冰层，搭建起友谊的桥梁。她擅长与人交往，仿佛天生拥有一种魔力，能够迅速拉近彼此的距离。

而张群，则是一位内向而深邃的思考者。他习惯于在内心深处默默探索，再将经过深思熟虑的想法缓缓道出。他的思想深邃如海，蕴藏着丰富的智慧与见解。

一天，命运的红线将这两位性格截然不同的个体紧紧相连。在活动现场，李涵一眼便注意到了张群，她的眼中闪烁着好奇与友善的光芒，热情地向他打招呼："嗨，我是李涵，看你有些陌生，是第一次参加我们的活动吗？"

张群微微颔首，声音中带着一丝不易察觉的紧张："是的，我叫张群，确实是第一次。"

李涵敏锐地捕捉到了张群的局促不安，她以更加温柔与主动的姿态靠近，试图缓解他的紧张情绪："别担心，这里的人都很友好。不如我们先去那边喝杯饮料，放松一下心情如何？"

张群稍显犹豫，深邃的目光中闪过一丝感激。他轻声回答："其实，我更想先了解一下这次活动的目的和流程，确保自己能够更好地融入其中。"

李涵闻言，立刻调整了自己的交流策略，以更加细致入微的方式向张群介绍了活动的方方面面。她耐心地解答他的每一个疑问，并细心地询问他对哪些环节特别感兴趣。在张群的紧张情绪逐渐消散的同时，他也感受到了李涵那份难得的真诚与热情。

随着交流的深入，李涵发现张群对于轻松安静的活动环节情有独钟。于是，她特意为他推荐了符合他性格特点的活动项目。张群的脸上终于绽放出了轻松愉悦的笑容，仿佛找到了属于自己的小天地。

活动结束时，两人之间已经建立起了一种难以言喻的默契与友谊。张群满怀感激地向李涵表达了自己的谢意："今天真的很感谢你对我的帮助和照顾，你的乐观与开朗让我深刻体会到了活动的乐趣。"

李涵则以她标志性的温暖笑容回应道："我也很开心能够认识你，你的内敛与深思熟虑同样给我留下了深刻的印象。我相信我们一定会成为很好的朋友。"

张群毫不犹豫地点头应允："当然，我也期待着未来能有更多的机会与你交流和学习。"

【明道理】

这个故事深刻地阐述了每个人独特的性格特质与交流方式的多样性，并强调了理解与适应这些差异的重要性。在人际交往中，我们应当秉持尊重与灵活并重的原则，根据对方的性格特点调整沟通策略，以确保信息的有效传达、理解的加深以及关系的和谐构建。

面对性格开朗之人，我们可借鉴李涵的态度，以满腔的热情与活力去感染他们，共同营造轻松愉快的交流氛围。而面对内向的个体，我们则需如李涵般展现出耐心与细致，给予他们充足的时间与空间，用心倾听，深入理解他们的内心世界。这样的做法有助于我们跨越性格的界限，编织出真挚而持久的友谊纽带。

同时，这个故事也启示我们要善于发现并珍视他人的闪光点。张群的深沉思考与李涵的乐观开朗各自代表了性格中的宝贵品质。我们应当以开放的心态去欣赏和学习他人的长处，不断丰富和完善自己的性格与沟通方式，使自己在人际交往中更加游刃有余。

至于如何准确判断他人的性格，以下几点或许能为我们提供有益的参考：一是注意对方的语速与语气，温和、慢条斯理可能意味着沉稳冷静，而激动则可能透露出外向直接的性格特点；二是分析用词习惯，简洁明了可能代表务实直率，而修辞丰富则可能彰显出丰富的想象力和创造力；三是观察肢体语言和面部表情，这些非言语信息往往能更直观地反映出一个人的真实情感与想法。综合以上各方面信息，我们将能更全面地了解他人，为建立更加和谐的人际关系奠定坚实的基础。

【要点总结】

通过细致观察与深入分析他人的说话方式，我们能够更为精准地洞悉其性格特质；同时，掌握并巧妙运用语言的分寸与力度，则成为提升沟通效率、加深相互理解与信任的关键。这一过程不仅有助于建立良好的人际关系，还能促进更有效的信息交流与情感共鸣。

⊙ 说话看性别，男女要有别

你是否曾思考过，在男性与女性的对话中，如何表达能够赢得对方的青睐或认可？反过来，当女性与男性交谈时，又该如何表达以获得对方的尊重与敬佩？鉴于性别间的差异，往往也伴随着不同的沟通方式。那么，在与异性交流的过程中，我们该如何巧妙地利用这些性别差异，以促进更加友好和谐的对话呢？

【对话智慧】

在一家温馨的咖啡店内，一名男士与一名女士正享受着悠闲的午后时光，女士的话题围绕着工作中的挑战与困扰展开："昨天，领导突然给我布置了个任务……你说，我能顺利完成吗？"男士虽耐心倾听，但眉头微蹙，显然对此类话题兴趣不大，于是他尝试引导话题："工作压力确实不小，那你和同事间的关系如何，算是种调剂吧？"不料，女士的话题又转到了办公室的人际关系。男士再次尝试改变话题："要不我们聊聊你的朋友吧，工作之外的生活一定很精彩。"然而，女士随即分享起了朋友间的小摩擦，最终，男士因难以持续共鸣，礼貌地结束了对话。

【明道理】

在人际交往的广阔舞台上，性别差异如同一道独特的风景线，深刻影响着我们的沟通方式。男性，往往倾向于直接、高效的沟通，他们的话语中透露出对事实与逻辑的重视，如同在思维的棋盘上步步为营；而女性，则擅长以情动人，她们的话语细腻温婉，充满了对生活细节的感悟与关怀，如同绘就一幅幅情感丰富的画卷。

然而，值得注意的是，这种差异并非绝对，个人性格、文化背景、生活经历等多元因素同样塑造着每个人的说话风格。因此，在与异性交流时，我们应当具备敏锐的洞察力，去捕捉对方言语背后的真实意图与情感色彩，而非简单地以性别标签来预设对方的反应。

此外，男女在对话中的话题偏好也各有千秋。男性可能更热衷于探讨理性、宏大的议题；而女性则倾向于围绕情感、人际等细腻层面展开交流。但请记住，这些只是普遍趋势，每个人都有其独特的兴趣领域与话题偏好。

了解并尊重这些性别差异，对于提升我们的沟通技巧与人际关系质量大有裨益。它能帮助我们减少沟通中的误解与摩擦，促进更加深入、和谐的交流；同时，也是对我们个人修养与包容性的一次考验与提升。在尊重差异的基础上，我们更应保持开放的心态，勇于探索与尝试，以更加灵活多样的方式去适应不同的沟通场景与对象，共同编写出更加丰富多彩的人际交往篇章。

【要点总结】 //

通常，由于性别差异，男女在沟通中展现出一定的区别，这既是人性复杂性的体现，也是我们个性多彩的一部分。在与异性交流的过程中，我们应当努力适应并采用符合对方性别特征的说话方式，以确保沟通的顺畅与和谐。一般而言，如果你是男性，在与女性交流时，应意识到她可能更加注重情感的细腻表达，因此应避免过于直接或生硬的话语，转而采用更多关心与体贴的言辞，以增进彼此的情感联系。相反，如果你是女性，在与男性交流时，则需学会更加直接地阐述自己的观点与意见，避免过度含蓄或模糊，以免让对方陷入不必要的猜测之中，从而确保信息的准确传递与理解到位。总之，了解并尊重性别间的沟通差异，有助于我们建立更加良好的人际关系。

⊙说话看时机，四两拨千斤

俗话说："打铁要看火候。"在交流中，说话的时机往往决定了沟通的效果。同一句话，在不同时机说出，可能产生天壤之别的效果。时机得当，则事半功倍；反之，即便是金玉良言，也难以奏效。

【对话智慧】

某公司品牌推广负责人李强，欲就其公司新推出的"人人都是宣传员"方案向主管上司王副总经理提出个人见解。恰在此时，他得知公司总经理刚刚在会议上因该方案批评了王副总，认为其可能影响其他部门的工作效率。这恰好也是李强想要反映的问题，并且他已对方案进行了完善。

得知此事后，李强误以为自己的观点与总经理不谋而合，便迫不及待地前往王副总办公室，欲呈上其改进方案。然而，当他踏入办公室时，只见王副总正怒气冲冲地抽着烟，显然心情不佳。王副总简短地告知李强："不是特别重要的事情下午再说。"

李强未察言观色，直接道出："王总，我觉得我们的方案存在问题，按原方案执行会影响效率，我已进行了完善，请过目……"话未说完，便被王副总打断："方案你认真看了吗？论证过了吗？"李强欲进一步阐述思路，却又被王副总以"要放眼长远，提意见需深思"为由再次打断。见王副总情绪愈发激动，李强只得匆匆结束对话，悻悻离去。

【明道理】

此案例中，李强的建议与方案本身并无不妥，问题在于他选择了错误的对话时机。王副总正因方案问题遭受批评，心情沮丧，此时提及此事无疑是雪上加霜，易被视为"火上浇油"。因此，王副总对李强的态度自然冷淡，甚至带有敌意。

这启示我们，在对话中需敏锐观察对方的情绪、表情及肢体语言，以判断是否为适宜的交流时机。若对方显得疲惫或不悦，最好调整策略，选择其他时间或话题，以避免不必要的冲突与误解。

【要点总结】

说话讲究时机，是沟通的一门艺术。通过换位思考，我们能更精准地把握说话的时机，以最小的努力达到最佳的沟通效果。这不仅是智慧的体现，更是沟通高手的必备技能。

第三部分
黄金段位：对话有技巧

第七章　提问的艺术，会问才能会说

⊙开放式提问，了解更多信息

开放式提问是一种强大的沟通工具，它能够激发对方的思考与表达欲望，与封闭式提问那种限制答案范围的方式截然不同。开放式提问鼓励对方自由分享观点、想法和感受，使我们能够深入了解对方，进而构建出更为深入和有意义的对话。

【对话智慧】

前几日，我在食堂用餐时，听到了两位同事（甲与乙）的一段简短对话：

甲："今天的菜好吃吗？"

乙："好吃。"

甲："你喜欢吃哪个菜？"

乙："烧茄子。"

甲："你喜欢吃甜的还是辣的？"

乙："辣的。"

随后，两人陷入了沉默，直至用餐结束，气氛显得有些尴尬。试想，如果采用开放式提问，对话可能会这样展开：

我："你觉得今天的饭菜给你的总体感觉如何？"

乙："嗯，今天的菜挺不错的，比昨天的菜品丰富多样。"

56

我："在众多菜品中，你最喜欢哪一道？能说一下你的理由吗？"

乙："我最爱吃烧茄子，外焦里嫩，口感恰到好处，清淡中带着一丝难以言喻的浓香……"

我："你注意到了吗？今天饭菜有什么特别之处或者变化吗？"

乙："嗯，让我想想，从味道上来说，今天的菜比昨天更加清淡，而且荤菜种类也多了些，我猜想是不是老板给大家加工资了，哈哈……"

【明道理】

在上述两个对话示例中，第一个对话因采用封闭式提问，限制了信息的流通，导致对话很快陷入停滞；而第二个对话则通过开放式提问，激发了乙的详细回答，使得对话内容丰富且充满互动性。这充分说明，开放式提问能够促使对方深入思考并分享更多信息，从而增进彼此的理解与亲近感。

那么，如何在对话中有效运用开放式提问呢？以下是一些建议：

一、使用引导性词汇：如"如何""为什么""怎么样"等，这些词汇能够引导对方进行更深入的阐述和解释。例如："你如何看待这个问题？""为什么你会有这样的想法？""你觉得怎么样才能有效解决这个问题？"

二、提问要具体明确：避免过于宽泛或模糊的问题，以免让对方感到无从说起。例如，相较于"你今天过得怎么样？"这样的问题，"你今天在工作中遇到了什么有趣的事情或挑战？"更能激发对方的分享欲。

【要点总结】

成功的开放式提问如同打开对方心灵之门的钥匙，它不仅能够帮助我们深入了解对方的内心世界，还能激发新的思考与启示。通过巧妙运用开放式提问，我们能够使对话更加高效、丰富且充满意义。

⊙ 选择式提问，提高对话效率

在对话中，我们时常会遭遇各种复杂话题，导致困惑或迷失方向，进而影响对话效率；然而，有一种策略能够显著改善这一状况——选择式提问。通过精心设计的选择式提问，我们能够显著提升对话效率，使交流过程更加流畅且富有成效。

【对话智慧】

在当今数字化浪潮中，新媒体行业蓬勃发展，其中旅游博主尤为引人注目。我有一位朋友，正是这一领域的佼佼者，有千万粉丝。他的成功并非偶然，而是源于对旅行深深的热爱与对各地风土人情的深刻了解。

我有幸与他同行，共赴一场旅行。记得某次，我们抵达了一个宁静的村落，村口一位老农正沐浴在温暖的阳光下。为了深入探索当地文化，我的朋友主动上前，与老农亲切交谈。

朋友："您好，今天天气真好，看您挺悠闲的。"

老农："是啊，忙里偷闲，这太阳晒得真舒服！"

朋友随即采用选择式提问策略："看您对这村子很熟悉，想必是这里的老住户？您的家族是不是世代都住在这里？如果是的话，您一定有很多关于这个村子的故事吧？比如，村子的历史，您小时候与现在相比村子有哪些变化，或者您有没有特别难忘的回忆？"

老农听后，兴致勃勃地分享道："那可说来话长了，就说这村子的名字吧，背后还藏着不少历史故事呢……"

通过这一连串的选择式提问，我的朋友不仅迅速与老农建立了联系，还深入了解了村子的历史文化，获取了宝贵的信息，极大地提升了对话效率。这一技巧不仅展现了他高超的沟通能力，也让我深刻体会到了与人交流的艺术。

【明道理】

从上述例子中，我们不难发现，选择式提问是一种高效且实用的沟通方式。它不仅能够降低回答难度，引导对话走向，还能使交流过程更加顺畅和有效。在人际交往中，我们可以借鉴这种方法，通过巧妙的提问，更好地了解对方，建立深厚的沟通桥梁。

选择式提问的魅力在于其明确性。它限定了回答的范围，使对方能够迅速抓住问题的核心，从而给出更加具体和确切的答案。例如，相比"你今天想吃什么？"这样的开放式问题，"你想吃中餐还是西餐？"这样的选择式提问更能促使对方快速回答。

此外，选择式提问还能有效避免模糊和不确定的回答。在开放式问题中，对方可能会因为不确定而给出模糊的答案，这不利于深入讨论和解决问题；而选择式提问则能引导对方给出具体的意见和建议，推动对话向前发展。

在职场或团队讨论中，选择式提问同样具有重要作用。例如，在决策过程中，询问"我们是选择 A 方案还是 B 方案？"能够促使团队成员明确立场，加快决策速度。

然而，在使用选择式提问时，也需注意避免过于绝对或限制对方的选择。要确保提供的选项全面且合理，同时给对方留下一定的空间以表达其他想法或建议。

【要点总结】 //

选择式提问不仅是一种沟通技巧，更是一种思维方式。它要求我们在对话中敏锐地捕捉问题关键，并以简洁明了的方式提出问题。这种沟通方式广泛应用于各个领域，如职场中了解客户需求、提高工作效率，生活中增进与家人、朋友的情感交流等。掌握选择式提问的艺术，将使我们在人际交往中更加游刃有余。

⊙假设式提问，丰富对话内容

我们常常会运用假设式提问来丰富对话内容，这种提问策略不仅促进对某个话题的深入探讨，还能激发思维的活力与创意。

假设，作为一种思维工具，赋予我们想象不同情境与可能性的能力，使我们能够超越现实的束缚，探索未知的领域。例如，在规划未来职业道路时，一个假设性的问题——"假如你有无限的资金和资源，你会选择追求什么？"能够引导我们深入思考自己的真正兴趣与梦想，摆脱现实条件的限制。

【对话智慧】

在一家知名的软件开发公司里，有一个名叫小周的程序员，他凭借卓越的技术能力成为老板的得力助手，备受重视。然而，小周性格内向，不擅长言辞，这让他在社交上显得有些孤独，与同事也保持着一定的距离。

小王，作为公司的新晋员工，入职仅三周便敏锐地察觉到了这一点。他观察到许多同事都希望能与小周建立更亲密的关系，既为了学习技术，也为了通过小周获得老板的认可，从而在公司中有更好的发展。尽管大家都有此意，但鲜有人成功。

某日中午，在公司餐厅，小王巧妙地与小周坐在了同一张餐桌上。小王主动打招呼："您好，我是小王，刚加入公司不久，以后还请多多关照。"小周简短回应后，气氛一度陷入沉默。

为了打破僵局，小王提出了一个假设性问题："如果有机会设计一座未来城市，你会开发什么样的软件来增强城市的智能化呢？"这个问题显然触动了小周的兴趣点，他稍作思考后回答道："这个假设很有趣。我认为，为了满足居民需求，首先需要一个集购物、娱乐、社交等功能于一体的综合应用平台。"

小王趁热打铁，继续追问："在交通和居住方面，你有没有什么特别的构想？"小周兴致勃勃地分享道："交通方面，可以开发一款智能交通导航软件，通过实时数据分析为用户提供最优出行方案。至于居住，则可以考虑一个智能家居管理系统，让居民能够远程控制家电、监测能耗，享受更便捷、节能的生活。"

随着话题的深入，两人的交流愈发顺畅，从工作聊到生活，从兴趣爱好谈到人生理想，仿佛早已是相知多年的朋友。

【明道理】

假设式提问有助于我们更好地理解他人的立场与感受。通过"假如你是……你会怎么做？"这样的提问方式，我们能够站在对方的角度思考问题，增进相互之间的理解与共鸣。这种换位思考的能力在人际交往中至关重要。

然而，要有效运用假设式提问，还需掌握一定技巧：

一、提问应明确具体，避免模糊或泛泛而谈，以确保问题能够激发对方的深入思考与回应。

二、保持开放心态，接纳各种可能的答案，不急于评判或争论，而是耐心倾听，从中汲取有价值的信息与启示。

三、适时运用假设式提问为对话增添趣味与活力，但也要注意适度，避免过度使用导致对话脱离实际或变得空洞无物。

【要点总结】

假设式提问是一种强大的对话工具，它不仅能够拓展我们的思维边界，增进对他人的理解，还能激发无限的创意与灵感。然而，我们也应认识到其局限性，避免过度依赖假设而忽视现实因素，确保假设的前提合理且准确，以免误导结论。

⊙反问式提问，把握对话主动权

你是否曾遭遇这样的困境：心中满怀想法，却在对话中难以顺畅表达；或是在讨论中，不自觉地被他人的话语引导，失去了对话的主动权？若想扭转此局面，学会反问式提问无疑是一剂良方。

【对话智慧】

张涵，某公司杰出业务员，以其独到的沟通技巧与敏锐的商业嗅觉闻名业界。一日，他与潜在合作伙伴李先生进行了一场关键商务洽谈。面对李先生关于合作细节与目标的连番提问，张涵并未直接作答，而是巧妙运用反问式提问，引领对话走向。

当李先生问及合作模式时，张涵回应："李先生，您认为怎样的合作模式能最大限度地发挥双方优势呢？"此问不仅促使李先生深思自身期望，也让张涵洞悉了对方的真实想法。

随后，谈及合作成果，张涵再次施展反问技巧："李先生，您认为成功的合作需具备哪些关键要素？我们又该如何共同努力，确保这些要素的实现？"这一问题不仅让李先生深入思考合作成功的标准，还引导他考虑与张涵携手共进的策略。

在洽谈中，张涵通过一系列反问式提问，牢牢掌握了对话的主导权。他不仅精准捕捉了李先生的意图与期望，还成功引导对方共同探索实现合作目标的路径。这一技巧让张涵在洽谈中显得游刃有余，同时也增强了他在交流中的自信与说服力。

最终，张涵与李先生达成共识，明确了合作细节与目标。此次成功经历更加坚定了张涵的信念：反问式提问是提升沟通技巧、掌控对话主动权的有效武器。

【明道理】

反问式提问，作为一种强大的表达手段，如同为话语施加了魔法，使对方更易接受我们的观点。它不仅能增强语言的说服力，还能调节对话氛围，增添趣味性，让交流变得更加愉悦与轻松。

然而，要熟练运用此技巧，还需注意以下几点：

一、提问需精准。反问式提问应直击对话要害，方能引起对方重视与思考。

二、语气要适中。过强的语气可能让对方感到不适，而过弱则可能削弱提问效果。因此，需根据情境调整语气。

三、善于倾听。在提问后，应认真倾听对方的回答，以便更好地理解其观点，从而进行更有针对性的后续提问。

【要点总结】

反问式提问是对话中的一大法宝，它不仅有助于我们更好地表达自我，更能引导对方思考，从而掌控对话的节奏与方向。掌握这一技巧，将让你在交流中更加游刃有余，展现出非凡的沟通魅力。

第八章 赞美是对话的推进剂

⊙每个人都喜欢被赞美，关键在于赞美是否得当

在对话中，赞美的力量不可小觑。每个人内心都潜藏着被认可与赞美的渴望，这是人类共同的基本需求。然而，赞美是否能增进对方的好感，营造出更和谐的对话氛围，完全取决于赞美的方式与表达是否恰当。

【对话智慧】

因工作之需，我购置了一台专业相机。在一次活动中，我拍摄完毕后将相机置于桌上。此时，同事李敏走过来，她注意到相机，好奇地询问："这台相机看起来很高级，是新入手的吗？"

我微笑着回答："是的，为了工作更顺手。"

她轻轻拿起相机，仔细端详后说："这相机的外观设计真时尚，手感也极佳。你眼光真好，选了这么合适的机型。我相信，你的摄影技术定会因它而更上一层楼。"

这番话让我倍感愉悦，李敏对我工作的支持与鼓励深深触动了我。

随后，她浏览了我刚拍摄的照片，赞不绝口："这些照片太棒了！你的构图充满创意，色彩搭配和谐。特别是这张湖面倒影，简直美得像幅画。你真是一位天赋异禀的摄影师！"

她的赞美让我深受感动，深刻体会到恰当赞美所蕴含的巨大力量。赞美是一门艺术，它能激发人的潜能与自信，促使人追求更高的目标；但赞

美需真诚且适度，过度则可能显得虚伪，适得其反。因此，在赞美时，我们应依据实际情况，以恰当言辞与方式表达赞美之情。

【明道理】

适当的赞美能带来诸多正面效应，但不当的赞美却可能产生反作用。若赞美过于肤浅、虚伪或不切实际，对方可能会认为我们的赞美缺乏诚意或带有目的，从而无法打动人心，甚至引发反感与猜疑。因此，赞美的关键在于真诚、具体且有针对性。

要使赞美得当，可遵循以下几点建议：

一、细致观察。用心发现对方的优点与成就，找到真正值得赞美的地方。这需要我们对对方有足够的了解与关注。

二、具体描述。用具体的语言表达赞美，指出对方所做的具体事情或展现出的独特品质。这样的赞美更能让对方感受到我们的真诚与欣赏。

三、把握时机。选择适当的时机给予赞美，并以真诚温暖的方式表达。这样的赞美更加有效，能更好地增进彼此的关系。

例如，在赞美他人的工作表现时，我们可以具体提及他们在某个项目中展现出的专业技能、团队合作精神或创新思维，而非简单的一句"你做得很好"。此外，我们也应学会欣然接受他人的赞美，以真诚的态度表示感谢，这既是对对方的尊重，也有助于构建积极的互动氛围。

【要点总结】

赞美是人际交往中的润滑剂，但关键在于其恰当性。通过真诚、具体且适时的赞美，我们能够增进彼此之间的情感联系，激发对方的积极性，共同创造更加愉悦与成长的交流环境。

⊙只有欣赏对方，对方才可能欣赏你

在沟通的艺术里，我们普遍渴望得到他人的赞赏与欣赏。然而，一个常被忽视的真谛是，唯有我们率先学会欣赏他人，才有可能收获对方同等的欣赏。欣赏，这一积极的心态，超越了简单的口头赞美，它根植于内心深处的尊重与认可。当我们以欣赏的目光看待他人时，那些隐藏的优点、才华与独特魅力便自然而然地浮现出来。这种欣赏，无关乎对方的成就或地位，而是源自对人性的深刻尊重与对他人价值的全面认知。

【对话智慧】

有一次，一位朋友与我分享了他攀登珠穆朗玛峰的非凡经历：

朋友："你知道吗？我实现了人生的一个重大梦想，成功地登上了珠穆朗玛峰。"

我："哇，那真是太了不起了！快给我讲讲这段经历吧。"

随着朋友的叙述，我仿佛也置身于那场惊心动魄的攀登之中：从沉重的装备到突如其来的暴风雪，从团队的紧密合作到最终的成功登顶，每一个细节都充满了挑战与坚持。

我适时地表达着我的惊叹与敬佩："在那么恶劣的环境下，你们展现出了惊人的勇气和团队精神。面对困境，你们没有退缩，而是选择坚持，这真的让人由衷地佩服。"

朋友听后，也感慨万分："是啊，那时候我们真的别无选择，只能勇往直前。你的理解和赞赏对我来说意义重大。"

【明道理】

从这次对话中，我们不难发现，以欣赏的态度进行交流，能够极大地促进双方的沟通积极性。当我们真诚地欣赏对方时，他们会感受到这份温暖与鼓励，进而更加开放地分享自己的想法与感受；相反，若我们总是以挑剔或批评的眼光看待他人，则很可能导致对方关闭心扉，沟通之门也随之紧闭。

那么，如何在对话中有效地表达欣赏呢？以下几点或许能为我们提供启示：

一、给予充分的关注与尊重。认真聆听对方的讲述，用心感受他们的情感与经历。

二、真诚地寻找并赞美对方的闪光点。无论是对方的才华、努力还是成就，都值得我们去发现并赞美。

三、在关键时刻给予鼓励与支持。当对方遇到困难或挑战时，我们的鼓励与帮助将成为他们前进的动力。

【要点总结】

欣赏，是一种双向的情感交流。它要求我们在与他人对话时，始终保持一颗欣赏的心，用真诚与善意去感知对方的独特之处。只有这样，我们才能激发对方对我们的欣赏之情，共同营造一个更加美好、积极的交流环境。

⊙ 真诚的赞美是一种技术活

在对话艺术中，真诚的赞美作为一种巧妙且策略性的表达方式，其精髓在于不仅仅停留于表面的赞美之词，而是通过精心构思的语言和表达方式，让对方感受到独特的被重视与特别感。

【对话智慧】

一次，我与一位女同事共赴广州，目的是拜访一家业界知名的企业，汲取其先进的管理精髓与创新思维。抵达之际，企业已派出两位接待人员热情相迎，一位来自行政部门，另一位则是企划精英。简短而温馨的自我介绍后，双方以诚挚的握手开启了这次交流之旅。

在交流过程中，企划部门的同事以一句"您真优雅漂亮"作为开场赞美，女同事以微笑回应，表达了感谢。然而，随后行政部门的同事以更为细腻的方式称赞道："您的眼睛真是迷人，透露出一种难以言喻的独特魅力。"这一赞美显然触动了女同事的心弦，她激动不已，连声致谢，那份由衷的喜悦溢于言表，足见这赞美之语直击心灵深处。

【明道理】

真诚的赞美，若运用得当，无疑能成为人际关系的润滑剂，增进信任，提升对方的自我价值感，为对话营造积极向上的氛围，进而促进双方更加顺畅地沟通与协作。但值得注意的是，赞美应根植于真实的观察与感受之上，而非空洞无物的套话，否则将失去其应有的魅力与价值。

为了有效运用这一策略，我们需遵循以下原则：

一、深入了解对方。通过细致的观察与交流，把握对方的兴趣与喜好，从而精准地选择赞美点，增加共鸣与好感。

二、保持真诚。真诚是赞美的灵魂，任何虚伪或夸大的言辞都逃不过对方的敏锐感知。因此，确保赞美之词发自内心，与实际情况相符。

三、适度原则。过犹不及，过度的赞美可能会让对方感到不适甚至怀疑你的动机。因此，要把握好分寸，让赞美成为对话中的点睛之笔而非累赘。

四、预见后果。在赞美之前，不妨先思考一下可能产生的后果。确保你的赞美不会给对方带来尴尬或误解，维护双方的和谐关系。

五、道德考量。在追求沟通效果的同时，切勿忽视道德底线。赞美应建立在合法、合规且尊重他人的基础之上，避免任何可能损害他人利益的行为。

【要点总结】

真诚的赞美，其精髓在于真诚与适度。真诚的赞美能够触动人心，增进彼此间的情感联系；而适度的赞美则能避免过犹不及的尴尬与误解。在运用这一策略时，我们应始终秉持真诚、尊重与道德的原则，让赞美成为沟通中的美好桥梁。

⊙ 好话好说，善言善劝

俗话说："劝人不可指其过，须先美其长。人喜则语言易入，怒则语言难入。"这句话强调了在交流中，应先赞美对方的优点，使对方心情愉悦，从而更容易接受我们的建议。这是一种积极的沟通策略，体现了对他人的尊重与善意。通过说好话，我们能够传递正能量，增进彼此间的理解和亲近。

【对话智慧】

李华与刘苏，两位性格迥异却情谊深厚的朋友。李华性格直率，坚持原则；而刘苏则擅长圆融处世，懂得以柔克刚。一日，刘苏接到公司重任，需前往外省拓展业务，此任务对公司未来至关重要。他兴奋地与李华分享这一消息。

李华听后，关切地提醒："听说那地方的人不容易打交道，你要多加小心。"刘苏自信满满地回应："放心，我准备充分，定能顺利完成任务。"李华听后，面色微沉，正色道："我们应坚守正道，不可依赖阿谀奉承、行贿等不正当手段。"刘苏闻言，笑而不语，调侃道："若世人皆如你这般正直，我这工作可就轻松多了。"李华虽感无奈，却也因刘苏的幽默而心生暖意，笑道："你说的也有几分道理。"

【明道理】

此番对话，展现了善言的力量。即便在意见不合时，也能以让对方愉悦的方式表达观点，这正是"好话好说"的精髓所在。善言如同春风化雨，能化解矛盾，增进友谊。在人际交往中，我们应学习这种说话的艺术，以和谐为基，避免无谓争执，从而构建更加良好的人际关系。

古人云："与人善言，暖于布帛；伤人之言，深于矛戟。"友善的话语能给人温暖，而伤人的言辞则比利器更伤人。好话好说能营造温馨和谐的交流氛围，使对方更易于接受我们的意见。在职场上，同事间的好话好说能增强团队凝聚力，提升工作效率；在家庭中，亲人间的温馨对话则能增进亲情，营造和睦的家庭氛围。

善言善劝则需我们具备智慧与洞察力。在规劝他人时，应根据对方的具体情况选择合适的言辞与方式。对于犯错的朋友，我们应委婉指出问题，给予鼓励与建议，帮助其改正；同时，善言善劝还需耐心与理解，尊重他人的选择与决定，避免将自己的想法强加于人。

然而，值得注意的是，好话好说与善言善劝并非无原则的迎合，而应基于真诚与诚信。我们应坦诚表达自己的想法与感受，同时兼顾对方的情感与需求。在交流中保持平等与尊重，避免使用侮辱、讽刺或攻击性的语言。

【要点总结】〰〰〰〰〰〰〰〰〰〰〰〰〰〰〰〰〰〰〰〰〰〰〰〰〰〰〰〰〰〰〰〰

"好话好说，善言善劝"不仅是一种沟通技巧，更是人生智慧与道德修养的体现。善言善劝则是这一智慧在人际交往中的具体运用。它有助于我们建立和谐的人际关系，有效解决问题，促进个人与社会的共同发展。

第九章　幽默是对话的润滑剂

⊙ 夸张式幽默对话

你是否曾有这样的体验，在对话中，当幽默与夸张巧妙结合时，对话便如同被施了魔法，变得异常有趣。夸张式幽默，这种独特的对话方式，能够显著提升幽默效果，让人忍俊不禁，同时也展现了说话者的机智与风趣。其魅力在于能够颠覆常规，以超乎想象的方式描绘事物，将平凡化为非凡，使平淡的对话焕发生机。

【对话智慧】

脱口秀界的佼佼者小沈龙，在其精彩纷呈的表演中，就有这样一段令人印象深刻的台词："何为朋友？酒桌上的觥筹交错、誓言旦旦，那不过是过眼云烟；何为真朋友？两人对坐，仅凭两根羊肉串便能共饮十瓶啤酒，却仍意犹未尽地畅谈，这才是挚友。又或是，当你疲惫不堪、心烦意乱时，能毫无顾忌地在他家倒头就睡，这样的人，才是你生命中真正的朋友。随着岁月的流逝，我们或许会觉得朋友越来越少，但这并非因为我们失去了他们，而是因为我们更加清晰地认识到，谁才是值得我们珍惜的知己。"其中，"仅凭两根羊肉串便能共饮十瓶啤酒"的夸张描述，正是夸张式幽默的典范，初次听闻，定会令人捧腹不已。

将这种幽默方式融入日常对话中，无疑能为氛围增添一抹轻松与愉悦。比如，面对一位爱开玩笑的同事，当一位女同事从旁边经过时，他可能会突然大喊："站住！从这个角度看，你的面部轮廓竟如此柔和立体，宛如女神降临，你的微笑更是让蒙娜丽莎都自愧不如。你，就像是上天精心雕琢的艺术品，不小心遗落凡间。请问，你在地球上已游历多久了？"如此夸张的赞美，定能让女同事在笑声中感受到满满的暖意。

再如，炎炎夏日，面对朋友对天气的询问，你可以夸张地说："今天这天气，感觉就像是孙悟空闯进了太上老君的炼丹炉，热得让人窒息！"而当朋友开怀大笑时，你的一句"你的笑声，简直有掀翻屋顶的气势！"不仅表达了对朋友的由衷赞赏，更让对话充满了幽默感。

【明道理】

夸张式幽默如同一股清风，能够吹散紧张与拘束，营造出轻松愉快的交流环境，使人们更加放松，彼此间的距离也随之拉近。然而，在使用时需注意把握分寸，过度的夸张可能会适得其反，让人感到虚假或产生误解。因此，应根据具体场合及听众特点，灵活调整夸张的程度，确保幽默效果能够被大家所理解和接受。

此外，夸张式幽默还需具备创意与个性。每个人都有其独特的幽默感，应勇于发挥想象力，创造出既新颖又有趣的夸张表达。比如，"我昨晚睡得像个木乃伊，一动不动"，这样的描述既夸张又富有个性，更容易引起听众的共鸣与欢笑。

【要点总结】

夸张式幽默是一种充满趣味与创意的表达方式，它能为对话增添无限乐趣，缓解紧张气氛，拉近人与人之间的距离；但切记要适度与个性化并重，让幽默成为交流中的璀璨亮点。

⊙ 对比式幽默对话

对比式幽默对话，是一种以鲜明对比为主要特征的幽默表达手法。它通过巧妙展现事物间的差异或矛盾，激发人们的笑声与深思。这种幽默常利用性质、特征、规模等方面的强烈反差，创造出令人意想不到的效果。

【对话智慧】

在一个阳光明媚的周末，一对夫妇决定外出逛街，共享悠闲时光。漫步街头，他们一边欣赏风景一边闲聊生活琐事。行至一家宠物店前，妻子的目光被一只胖嘟嘟的小狗深深吸引。小狗圆滚滚的身躯，搭配毛茸茸的尾巴，显得格外可爱。妻子被其逗乐，萌生了带它回家的念头。然而，丈夫却持不同看法，认为小狗的外貌实在难以入眼，完全不符合他的审美。

丈夫皱眉道："这条狗这么胖，这么难看，你买它干吗？"妻子则不以为意，反驳说："我觉得它很可爱啊。"丈夫略带讽刺地回应："那你买它，是想带出去衬托你苗条的身材吗？"妻子闻言，忍俊不禁，机智地反击："如果真是那样，我还不如带你出去呢！"

【明道理】

这对夫妇简短的对话，富含着幽默与智慧。他们以一种轻松诙谐的方式表达各自观点，有效避免了矛盾的升级。这种对比式幽默交流，让他们在面对日常琐事时，能够保持积极乐观的心态。

在夫妻关系中，琐碎小事往往成为争执的导火索。但若能像这对夫妇一样，以幽默化解冲突，这些小事便能转化为增进情感的契机。幽默如同夫妻间的润滑剂，既能调和矛盾，又能加深彼此间的感情。

对比式幽默的魅力，在于它能以轻松幽默的方式揭示生活中的荒诞与矛盾，让人在笑声中获得启示。它不仅能给人带来欢乐，更能激发人们对事物的深入思考，使我们更加敏锐地观察和理解周围的世界。

对比式幽默的素材广泛，可源自不同情境、场景或人物观点的对比。例如，将工作场景与电视剧《越狱》中的情节相对比，形容工作之苦；或将朋友间的不同技能或习惯相对比，展现个性差异，均能产生幽默效果。

【要点总结】

对比式幽默以其独特的创意与智慧，通过对比不同事物或情境，创造出出人意料的幽默氛围；然而，幽默的接受程度因人而异，因此在使用时，需考虑对方的接受度，谨慎而恰当地运用。

⊙ 自嘲式幽默对话

自嘲式幽默，作为一种独特且高效的沟通手段，其力量不容小觑。它不仅能够有效缓解紧张氛围，还能彰显出个人的自信与风趣。自嘲式幽默的魅力，在于它以一种自我调侃的巧妙方式，轻松化解尴尬与压力。当我们以轻松的口吻谈及自身的不足或失误时，不仅能够拉近与对方的距离，使自己显得更为亲切，同时也让自己感到更加自在与放松。例如，不慎打翻咖啡时，一句"我真是个'手残党'啊，不过还好，我还会打扫"的自嘲，便能在瞬间化解尴尬，并为对话增添一抹轻松愉快的色彩。

【对话智慧】

提及影视界的自嘲高手，黄渤无疑是一位杰出的代表。作为一位才华横溢的演员，他更是一位擅长运用幽默进行沟通的智者。让我们一同回顾黄渤在公开场合展现的自嘲式幽默经典瞬间。

在黄渤尚未如今日般大红大紫，但已小有名气之时，他受邀参加了《鲁豫有约》节目。面对鲁豫"你知不知道，你现在很火？"的提问，黄渤以一句"那肯定非常火了，都坐在这里跟你聊天了，能不火吗？"的巧妙自嘲，既展现了自己的谦逊，又巧妙地回应了问题，赢得了观众的掌声与喜爱。

与小S同台时，面对小S关于外貌的犀利提问，黄渤更是以一句"一开始长得还蛮婉约的，后来就开始抽象了"的自嘲，机智地化解了尴尬，展现了其高情商与幽默感。

而当喜剧大师周星驰称赞黄渤为"喜剧中的王中王"时，黄渤则以一句"王中王？星爷这是在说我是火腿肠呢！"的幽默回应，既表达了对周星驰的尊敬，又展现了自己的风趣与机智。

【明道理】

从黄渤的这些例子中，我们不难发现，自嘲式幽默在对话中不仅能够有效化解难题，还能活跃气氛，让人与人之间的关系更加和谐融洽。然而，值得注意的是，自嘲式幽默虽好，但在使用时也需把握分寸。过度自嘲可能会让人误解为缺乏自信，甚至使对话陷入消极氛围。因此，在运用自嘲式幽默时，我们应遵循以下几点原则：

一、保持真实。自嘲应基于事实，避免刻意编造，以展现真诚与亲和力。

二、强调积极面。在自嘲的同时，不妨也提及自己的优点或成就，以平衡对话氛围。

三、观察场合。根据对话的场合与对象，选择合适的自嘲内容与方式，避免造成不必要的误解或冒犯。

四、尊重他人。确保自嘲不会伤害到他人的感情，保持对话的友好与和谐。

接下来，让我们通过几个简单的对话示例，进一步感受自嘲式幽默的魅力：

·当朋友夸赞你厨艺高超时，你可以谦虚地说："谢谢夸奖，其实我只是把食材从生的变成了熟的，没想到还挺受欢迎的。"

·面对自己的健忘，你可以幽默地自嘲："我的脑子就像个筛子，一边装进去，一边漏出来。"

·当朋友开玩笑说你胖了时，你可以以笑回应："我这不是胖，是对生活的膨胀。"

·对于友人的夸赞，你不妨风趣地说："谢谢，我就当你是在夸我的发型了。"

·面对关于婚姻的询问，你可以轻松回答："因为我想多享受几年自由的单身生活，不然结婚了就只能被老婆管了。"

【要点总结】

自嘲式幽默是一门生活的艺术，它让我们在对话中更加自如与轻松，同时也促进了彼此间的理解与亲近。通过适度运用自嘲式幽默，我们不仅能够展现自己的风趣与机智，还能有效化解尴尬与压力，让对话变得更加轻松愉快。然而，切记在使用自嘲式幽默时要把握好度，避免伤害到自己或他人的感情。

⊙ 模仿式幽默对话

在对话的广阔舞台上，幽默犹如一束璀璨的光芒，为我们带来无尽的欢乐与轻松。而模仿式幽默，则是这光芒中尤为独特且引人入胜的艺术形式。它凭借巧妙的模仿与诙谐的演绎，让人忍俊不禁，沉醉其中。模仿式幽默，简而言之，便是通过模仿人们耳熟能详的语言材料，并巧妙地融入个人表达内容，从而创造出新颖生动、幽默风趣的词句。

【对话智慧】

一档名为《昨天·今天·明天》的对话类节目曾风靡全国，由崔永元主持，其影响力之广，吸引了无数忠实观众，我亦是其中之一。而后，赵本山、宋丹丹携手崔永元，将这一节目精华改编成小品，其中一段对话尤其令人难忘。

崔永元问："……我们现在将问题细化一些，请问你们是哪一年结的婚？"

赵本山答："我们相约在一九五八年。"

宋丹丹接："大约在冬季。"

此对话一出，即刻引爆全场，观众掌声雷动，笑声连连。

【明道理】

这便是模仿式幽默的典范之作。赵本山巧妙模仿歌词，宋丹丹则引用歌名作答，两者均取自大众耳熟能详的文化元素，既触动了人们的共同记忆，又活跃了对话氛围。模仿式幽默的魅力，在于其出其不意，如同舞台上的精彩变装秀，以打破常规的方式带来新奇与惊喜。无论是模仿事物、人物还是场景，幽默者都能借此创造出荒诞可笑的效果，让人们在欢笑中释放压力。

然而，模仿式幽默亦是一种对个人能力极具挑战的语言形式。并非每个人都能轻松驾驭这种幽默形式，因此在运用时需注意以下几点：

一、个人能力。模仿式幽默要求惟妙惟肖，无论是模仿词句还是人物、场景，都需要较强的语言组织能力和一定的天赋。若个人能力不足，不要轻易尝试，以免适得其反。

二、注意场合。模仿式幽默力度较大，某些正式场合如决策会议、反思会等氛围较为严肃，不宜使用模仿式幽默，以免破坏氛围。

三、适可而止。任何事物过度皆不宜，模仿式幽默也不例外。应点到为止，避免重复或长时间使用，以免引起听众反感。

【要点总结】

模仿式幽默作为一种高难度的艺术形式，在使用时需量力而行，根据场合选择合适的时机与力度进行恰当的模仿，以发挥其独特的魅力与效果。

第四部分
铂金段位：轻松掌控场景对话

第十章　家庭对话

⊙学会包容，懂得妥协

　　家，是洋溢着爱意的港湾，家庭对话则是维系这份和谐不可或缺的重要纽带。为了这份爱的深厚与持久，我们在家庭对话中应学会包容，懂得妥协。

　　然而，鉴于每位家庭成员的性格、经历及观点各异，对话中难免会出现分歧。此时，包容显得尤为重要。包容，即是对家人想法与感受的尊重，即便我们并不完全认同。以一颗宽容的心去聆听，我们会发现，他们的观点亦有其合理之处。这样的包容，不仅促进了我们对家人的深入理解，也让家人感受到了来自彼此的深切关爱。

【对话智慧】

　　一个宁静而温馨的周末傍晚，妻子结束了一天的辛劳工作，归家后立刻投入准备晚餐的忙碌中。丈夫也拖着疲惫的身躯回到家中，他如释重负般躺在沙发上，眼睛紧盯着手机屏幕，似乎暂时忘却了周遭的世界。

　　妻子不时从厨房探出头，温柔地提醒丈夫："亲爱的，能帮忙摆一下碗筷吗？我们准备开饭了。"然而，丈夫却仿佛沉浸在自己的世界里，对妻子的呼唤置若罔闻。他心中暗自嘀咕："我在外面奔波了一天，回到家连休息一会儿都不行，还要被指派干活，真是……"

　　妻子在厨房内辛勤忙碌，见丈夫毫无反应，又连续催促了几次，心中不免生出几分怒气。她心想："我也辛苦工作了一天，一回家就忙着做饭，只是让你摆个碗筷，你却无动于衷，真是让人恼火。"

随着时间的推移，妻子的愤怒逐渐累积，她终于忍不住从厨房走出来，声音提高了许多："我都喊你好几次了，怎么就不能动一下呢？"丈夫也被激怒了，反驳道："你哪里知道我在外面有多累？就不能让我休息一下吗？"

两人之间的争执迅速升级，言语间充满了伤害，彼此指责对方的不是。这场突如其来的"大战"似乎要将往日的温情与爱意吞噬。然而，这样的争吵非但不能解决问题，反而会让家庭关系更加紧张脆弱。

【明道理】

这样的场景，你是否也曾经历过或似曾相识？深入分析，其根源在于双方在对话中缺乏包容与妥协。若能在争执之前多一些理解，或在情绪高涨时选择冷静沟通，或许就能避免这场不必要的冲突。

妥协，是家庭对话中的另一关键。在家庭中，没有绝对的对错之分，只有立场的不同。面对分歧，我们应尝试放下成见，寻求双方都能接受的解决方案。这种妥协并非放弃原则，而是出于对家人尊重与家庭和谐的珍视。通过妥协，我们能够化解矛盾，增进家人间的情感。

当然，学会包容与妥协并非易事，它需要我们在日常生活中不断实践与努力。以下是一些建议：

一、冷静应对。遇到分歧时，先让自己冷静下来，避免情绪冲动影响判断与行为。

二、换位思考。尝试站在家人的角度思考问题，理解他们的立场与感受。

三、尊重差异。认识到每个人都有独特的个性与观点，尊重并接纳这些差异。

【要点总结】

家庭是我们永远的温馨港湾，而家庭对话则是这座港湾的坚固基石。让我们携手努力，学会包容、懂得妥协，用爱与理解共同构建一个和谐美满的家庭环境。因为，只有在包容与妥协的土壤中，家的温暖与幸福才能茁壮成长。

⊙ 坦诚对话铸就和谐家庭

家庭，作为我们生活的温馨港湾，其和谐的关系是我们心灵的庇护所。在这样的环境中，成员之间的坦诚对话尤为重要。通过真诚的交流，我们能够更深入地理解彼此，有效地解决矛盾，进一步增进家庭成员之间的感情，共同构建一个幸福美满的家庭。

【对话智慧】

刘家，一个由父母和 10 岁的儿子凡凡组成的三口之家，过着平凡而幸福的生活。然而，每个家庭都难免会遇到一些小矛盾和分歧，刘家也不例外。

有一天，凡凡放学回家，脸上挂着不悦的表情。晚餐时，他默默地吃着饭，没有像往常那样兴奋地与家人分享学校的趣事。妻子细心地察觉到了凡凡的异常，便温柔地询问他："凡凡，今天怎么了？看起来你好像不太开心。"

凡凡沉默了一会儿，简单地回答："没事，只是有点儿累。"

妻子心想，可能是最近作业比较多，孩子累了吧，于是也就没有再多问。然而，第二天早上，当丈夫送凡凡上学时，孩子却表现得异常磨蹭，似乎并不想去学校。在去学校的路上，凡凡终于对爸爸说："爸爸，我肚子有点儿疼，我不想上学。"

丈夫一听孩子说肚子疼，立刻紧张起来，急忙带孩子去医院检查。然而，经过一系列的检查后，医生并没有发现任何问题。这时，丈夫开始觉得事情有些不对劲儿，他猜测孩子可能是有什么心事没有说出来。

于是，丈夫坐在医院的长椅上，认真地对凡凡说："凡凡，我知道你是一个听话的孩子。但如果你最近遇到了什么不开心的事情，一定要告诉爸爸妈妈。我们会一起想办法解决的。"

凡凡听了父亲的话，感受到了家庭的温暖和支持。他深吸一口气，鼓起勇气开始讲述自己在学校遇到的烦心事。原来，班里有一个调皮的孩子经常欺负他，这让他感到非常害怕和不安，所以才不想去上学。

最后，在丈夫和妻子的共同努力下，他们通过与凡凡的坦诚沟通以及班主任的协调帮助，成功地解决了这个问题。

【明道理】

近年来，校园霸凌事件时有发生。如果孩子与家长之间不能保持坦诚的沟通，那么孩子的心理健康很容易受到伤害。如果这种伤害长时间得不到疏导和解决，后果将会非常严重。从刘家的故事中我们可以看到，坦诚的沟通是解决问题的关键。

其实，不仅孩子与家长之间需要坦诚沟通，大人与大人之间也同样如此。因为缺乏坦诚往往会导致猜忌和矛盾的产生，进而破坏家庭的和谐氛围。

因此，我们可以得出结论：坦诚对话是建立信任的基础。在家庭中，当我们坦诚地与家人交流时，他们会感受到我们的真诚和尊重，从而更容易建立起彼此之间的信任。这种信任是和谐家庭关系的基石；同时，坦诚对话还能够促进家庭成员之间的情感交流。通过定期的坦诚对话，我们可以分享彼此的喜怒哀乐、生活经历和感受，从而增进家庭成员之间的感情和了解。

【要点总结】

坦诚对话是铸就和谐家庭的关键。为了营造一个充满爱与和谐的家庭环境，我们应该努力创造一个开放、尊重的沟通氛围。珍惜与家人相处的每一段时光，用坦诚的对话搭建起心灵的桥梁。只有这样，我们才能共同构建一个幸福美满的家庭。

⊙ 猜忌是家庭情感交流的大忌

在家庭中，情感交流是维系和谐美满关系的坚实基石。然而，有一种隐形的破坏力量——猜忌，却常常悄无声息地侵蚀着家庭成员之间的信任与亲密。

猜忌，这种无端的怀疑与不信任，往往源于内心的不安与安全感的缺失。它的存在，足以将原本温暖如春的家庭氛围转变为冰冷刺骨的紧张与隔阂。在夫妻间，猜忌可能引发无休止的争吵，直至婚姻的裂痕难以弥补；在亲子关系中，父母对孩子的无端猜忌则可能让孩子感到被误解与不被信任，进而产生抵触情绪。

【对话智慧】

在城市的一隅，一所简朴的出租屋内，住着一对年轻的夫妇。他们远离家乡，在这座繁华而又冷漠的城市中打拼多年，丈夫以打散工为生，妻子则在餐馆辛勤工作。多年的汗水与泪水，终于换来了些许积蓄。

然而，随着经济的波动与就业市场的严峻，妻子开始动摇了留在城市的决心，她提议回归故里，用积蓄建造温馨的家。

"亲爱的，我想我们还是回家吧。这些年我们存下的钱，足以在老家盖栋房子了。"妻子温柔地望向丈夫。

丈夫闻言，眉头紧锁："这些钱哪够啊？再说，回去我们能干什么？你是不是想家了？"

妻子的声音中透露出不满："你怎么能这么说？我只是觉得现在赚钱太难了，回老家至少能轻松些。"

丈夫坚持己见："我不想回去，我还想在城里买属于我们自己的房子。"

此刻，一丝怀疑在妻子眼中闪过："你是不是在外面有人了，所以才不想回去？"

这句话如同导火索，点燃了夫妻间积压已久的猜忌与不满。争吵声在狭小的空间里回荡，曾经的温馨与信任被争吵与误解所取代。

【明道理】

猜忌，这把无形的利刃，不仅割裂了家庭成员间的情感纽带，更对个人的心理健康造成了深远的影响。长期处于猜忌之中，人们容易陷入焦虑、抑郁与孤独的深渊，这种负面情绪会渗透到生活的每一个角落。

要避免猜忌对家庭情感的伤害，关键在于以下几点：

一、开放沟通。家庭成员间应保持坦诚与开放的沟通，勇于表达自己的感受与想法，同时尊重并倾听他人的意见。

二、理性面对问题。遇到问题时，应以理性和客观的态度去探究真相，而非盲目怀疑对方的动机与意图。

三、培养健康心态。学会调整自己的心态，不要过分敏感与多疑，以积极乐观的态度面对生活中的挑战与困难。

【要点总结】

信任，如同一条坚韧的纽带，将家庭成员紧密相连。在情感交流中，我们应以信任为基石，以情感为桥梁，共同跨越猜忌的鸿沟，守护家庭的和谐与幸福。正如一句名言所说："信任是一种有生命的感觉，信任也是一种高尚的情感，信任更是连接人与人之间的纽带。"

第十一章　职场对话

⊙有主见，不人云亦云

职场如江湖，身处其中，言语之道尤为重要。为何有人在职场中默默无闻，屡遭领导忽视，同事冷落？究其原委，往往在于其言辞缺乏分量，缺乏独到见解。

【对话智慧】

张华既是我共事二十载的同事，更是我深交多年的挚友。初识之时，他还是个职场新丁，沉默寡言，羞涩胆怯，生怕言多必失。然而，一次会议上的勇敢发声，彻底改变了他的职场轨迹。

那次会议，众人围绕一个项目是否启动及其实施方案展开热烈讨论。项目由老板与企划部携手打造，自然备受瞩目。当讨论方案可行性时，会场内竟是一片寂静，众人面面相觑，无人敢先言。老板见状，自信满满地介绍了方案的来龙去脉，并提议照此执行。多数同事随即附和，赞同之声此起彼伏。

正当会议即将以一致通过告终之际，张华毅然举手，提出了不同看法："我认为这个方案尚有优化空间。"此言一出，全场哗然。他接着从市场调研的角度出发，阐述了目标客户群体的偏好与需求，试图为方案注入新的活力。然而，这一提议立即遭到了质疑，有人认为其改动过于冒险且不切实际。

面对质疑的浪潮，张华并未退缩，而是凭借扎实的论据与清晰的逻辑，与同事们展开了深入的交流与碰撞。经过一番激烈的讨论与修正，他的方案不仅赢得了老板的认可，更让项目取得了前所未有的成功。自此，张华在公司内声名鹊起，而我也因此与他结下了不解之缘，共同走过了二十年的风雨历程。

【明道理】

此故事深刻揭示了职场中"主见"的价值所在。它如同夜空中最亮的星，引领我们在众声喧哗中找到前行的方向。然而，主见并非盲目自信，而是建立在尊重他人、以事实为依据、用理性支撑的基础之上。

要在职场中培养并展现主见，我们需从以下几方面着手：一是培养独立思考的能力，面对问题时敢于质疑、积极探索；二是勇于表达自己的观点，不畏惧与众不同，也不逃避反驳与挑战；三是持续学习、不断提升自我，以更广阔的视野和更深厚的底蕴来支撑我们的主见。

【要点总结】

在职场对话中，主见是通往成功的关键。它要求我们既要独立思考、勇于表达，也要善于倾听、尊重差异。通过不断学习与实践，我们将逐步掌握这把钥匙，开启职场生涯的新篇章；同时，切记在坚持自己主见的同时，也要保持开放的心态，接纳并融合他人的智慧与见解，共同推动团队与个人的成长与发展。

⊙职场对话不是辩论赛

在职场中，我们每日与同事、上司的交流是不可或缺的一部分。然而，不少人错误地将职场对话视为辩论场，总想在每次沟通中都占据上风。这种做法非但无益于提高工作效率，反而可能损害职场关系。

【对话智慧】

某日下午的会议上，吴云再次与另一部门主管展开了激烈的辩论。吴云坚持认为对方提出的方案不可行，而对方则觉得吴云只是为了争辩而争辩，忽略了客观事实。结果，这场会议在毫无结果的争吵中收场，未能达成任何共识。

会后，吴云对同行回办公室的同事抱怨道："你说他怎么会有这样的想法呢……"同事并未附和，而是温和地回应："其实，每个人都有自己的思考角度，只是表达方式不同罢了。"吴云听后，仍不甘心地反驳："真的只是这样吗？那些毫无逻辑的想法很让人头疼，而且我认为这是常识问题。"同事深知吴云的好胜心，便试图安抚："你也别太激动了，每个人都有自己的见解嘛。"但吴云依旧不依不饶："什么人各有志，问题显而易见，可他还固执己见。"同事无奈，只能叹息回应："事情就是这样，我们也没必要再争辩了。"吴云却坚持道："这哪是争辩，我们只是在讨论问题……"同事摇了摇头，留下一句"不可理喻"，便转身离去。

【明道理】

此故事中的症结在于吴云无论何事都要争个高低，最终影响了与同事间的和谐关系。生活中不乏此类人，他们对任何事都坚持己见，坚信自己无误，视他人为错。与这样的人交流，仿佛置身战场，必须分出胜负，导致交流变得紧张且不愉快，甚至让人避之不及。

职场对话的初衷是解决问题、推动工作进展，而非争论是非。将对话视为辩论赛，只会陷入无谓的争执，忽略真正目标。这不仅浪费时间，还可能破坏团队氛围，影响合作。

要避免职场对话变成辩论赛，首先需认识到每个人都有认知局限和偏差，观点未必全然正确。其次，面对分歧时，应保持冷静，寻求共识，通过理性讨论找到最佳解决方案。最后，避免使用攻击性语言，以平和、客观的态度表达观点，更易获得他人理解和支持。

【要点总结】

职场对话应以合作为前提，尊重对方意见，同时开放心态接受建议。学会放下争论，以平和态度面对问题，是促进职场和谐、提升工作效率的关键。

⊙ 多说"我行"，少说"我不行"

在职场中，我们每日与同事、上司的对话不仅关乎工作效率，更深刻地影响着我们的职业发展轨迹。在这些对话中，"我行"与"我不行"这两个词，如同职场通关的密钥，其使用频率与方式，直接关系到我们能否成功解锁职场进阶的大门。

【对话智慧】

曾有一位名叫王强的职场新人，他性格内向，总是担心自己难以胜任工作。在一次选题讨论会上，面对领导的信任提问，他因内心的忐忑而低声回应："我可能不行……"结果，机会擦肩而过。这次经历让王强深感失落，也让他意识到，"我不行"的口头禅正在悄然侵蚀他的职场价值感。

痛定思痛后，王强决心改变。他开始积极学习，不断提升自我，更重要的是，他学会了用"我行"来激励自己。当公司再次面临重要选题时，他勇敢地站出来，自信满满地说："我行，我可以试试！"这次，他不仅赢得了领导的认可，更在后续的实践中，凭借不懈的努力和坚定的信念，成功完成了任务，并收获了显著的成果。

【明道理】

王强的故事深刻揭示了职场中的一条真理：多说"我行"，少说"我不行"，是通往成功与自信的桥梁。当我们以积极的态度和自信的姿态面对挑战时，不仅为自己赢得了更多的机会，也向同事和上司展示了我们的能力与价值。

"我行"的力量在于它能够激发我们的内在潜能，增强我们的自信心，使我们在面对困难时能够坚持不懈，勇往直前。而"我不行"则像是一种自我设限，它不仅会阻碍我们的成长与进步，还会削弱我们的团队凝聚力和工作积极性。

为了摆脱"我不行"的束缚，我们可以从以下几个方面入手：

一、积极的自我暗示。每天给自己正面的心理暗示，告诉自己"我行"，逐渐培养起积极的心态和自信心。

二、充分准备。在面对任务或挑战时，提前做好充分的准备和规划，以增强自己的信心和底气。

三、勇于尝试。不要害怕失败和困难，勇于接受新的挑战和机遇，通过不断的实践和学习来积累经验。

四、持续学习。保持对知识的渴望和追求，不断提升自己的专业能力和综合素质，让"我行"的底气更加坚实。

【要点总结】

在职场中，"我行"与"我不行"不仅是简单的语言表达，更是我们内心态度和信念的体现。通过改变思维定式，学会多说"我行"，我们能够以更加自信、积极的心态面对工作和生活中的各种挑战，从而开启更加精彩的职业生涯和人生篇章。

第十二章 社交场合对话

⊙ 难得糊涂，说话不较真

在社交场合的对话中，不同观点和意见的交汇是常态，源于每个人独特的学识、经历及价值观。然而，在交流过程中，适度地把握较真与宽容的界限尤为重要。过于执着于每个细节的争论，往往会使对话氛围变得紧张且不愉快；相反，学会在适当的时候展现出"难得糊涂"的态度，不较真，能够使对话更加和谐顺畅。

【对话智慧】

在一个细雨蒙蒙的下午，董军，一家公司的业务经理，带着新入职的员工小王，前往一家高档咖啡厅会见重要客户。双方寒暄过后，为增进了解，自然而然地聊起了社会话题。

董军适时提及："最近经济大环境确实不容乐观，大家日子都不好过啊。"客户闻言，感慨之余，将话题引向了国际局势，特别是 A 国与 B 国的冲突。小王一听，于是展现出浓厚的兴趣，并试图从 B 国的角度进行反驳。不料，这一讨论迅速升级为一场关于战争责任与性质的激烈争辩。

小王坚持己见，认为 B 国应负主要责任；而客户则强烈反驳，指责 A 国的军事行动过于残忍。双方各执一词，互不相让，最终导致客户不悦，匆匆告别，留下董军和小王面面相觑，原本的商务会谈也未能展开。

【明道理】

小王的较真态度，最终导致了客户的流失，这一教训深刻揭示了在职场及社交场合中"难得糊涂"的重要性。这里的"难得糊涂"，并非意味着对一切漠不关心，而是指在适当的时候，选择放下固执与计较，以更加宽容和理解的心态去接纳他人的观点。这样的态度不仅有助于缓和紧张气氛，还能促进团队合作与和谐共处。

要实现"难得糊涂"，我们需要掌握一些沟通技巧：一是学会倾听，给予对方充分的表达空间；二是用平和、尊重的语气表达自己的看法，避免使用攻击性语言；三是保持开放心态，愿意接纳不同的观点，从中寻找共同点或新的启发。

不较真的说话方式，能够带来诸多益处。它有助于构建良好的人际关系，增强与同事、上司之间的沟通与理解；同时，这种态度也展现了我们的成熟与智慧，提升了我们在团队中的影响力。在会议或日常交流中，对于非核心问题的细节，我们可以选择适度放宽标准，将注意力集中在整体效果和目标上，从而避免不必要的争执与消耗。

【要点总结】

在职场与社交场合中，"难得糊涂"与"说话不较真"是一种宝贵的智慧。它教会我们以更加宽容和理解的心态去面对他人的观点与行为，从而营造出更加和谐愉悦的对话氛围。这就需要我们学会在心中设定一个合理的标准，明确哪些事情可以较真，哪些事情则应该选择宽容。通过这样的修炼与实践，我们不仅能够提升自己的人缘与影响力，还能在复杂多变的职场环境中游刃有余地前行。

⊙ 微笑也是一种回应

在社交场合中，对话作为思想碰撞与情感交流的核心方式，其重要性不言而喻。而微笑，这一非言语的回应方式，同样蕴含着巨大的力量。正如某个名人所言："微笑是两个人之间最短的距离。"一个真诚的微笑，能够跨越语言与文化的界限，瞬间拉近心与心的距离。

【对话智慧】

一天中午，我步入一家餐馆，店内虽顾客众多，却保持着一份难得的宁静。就在这宁静之中，一对坐在窗边的老夫妇吸引了我的目光。阳光温柔地撒在他们脸上，勾勒出岁月的痕迹。老爷爷细心地为老奶奶调整椅子，随后两人相视一笑，那笑容中充满了无尽的温柔与默契，仿佛整个世界都为之静止。

这一幕温馨而美好，如同精心绘制的油画，让我忍不住上前与他们攀谈。我轻声问候："您好，您二位也是来寺庙祈福的吗？"老爷爷微笑着回答，透露了他们每月初一、十五都会来此祈福，希望国家昌盛、子女工作顺利。我亦随声附和，表达了对这份美好愿景的共鸣。在交谈过程中，老奶奶始终以微笑相伴，偶尔插话，那份微笑仿佛蕴含了千言万语，让人感受到无尽的温暖与关怀。

【明道理】

此番经历让我深刻体会到微笑在对话中的独特力量。它超越了年龄、性别与文化的界限，成为传递温暖与善意的桥梁。一个微笑，或许就能为他人的生活带来一抹亮色，正如戴尔·卡耐基所言："微笑，它不花费什么，但创造了许多成果。它使接受的人变得丰富，却又不会让给予的人变得贫瘠。"

在社交互动中，微笑是一种强大而微妙的工具。为了巧妙运用这一工具，我们需注意以下几点：首先，微笑需真诚，发自内心的微笑最具感染力；其次，微笑需适时，在对方分享喜悦或表达观点时给予微笑，以示理解与认同；再者，微笑时应注重眼神交流，通过目光接触传递更多情感；同时，微笑的幅度与持续时间亦需适度，避免过于夸张或短暂；最后，微笑是相互的，你的微笑很可能会得到对方的回应，从而营造出更加积极和谐的交流氛围。

微笑，这一无声的语言，其魅力在于能够不经意间打破隔阂、化解尴尬，为交流注入无限活力。正如马克·吐温所言："人类确有一件有效武器，那就是微笑。"让我们在社交场合中，以微笑为媒介，传递友善与温暖，让每一次对话都充满爱与和谐。

【要点总结】

在社交场合中，微笑是一种不可或缺的表达方式。它超越了言语的局限，能够在无声中传递舒适与安慰。即便在无法用语言回应的时刻，一个真诚的微笑也足以让对方感受到你的善意与关怀，甚至能够化解尴尬的氛围，促进更加顺畅与愉快的交流。

⊙ 无话找话有技巧

在社交对话中，我们或许都曾遭遇过突如其来的沉默，那一刻，空气中弥漫着尴尬，寻找话题成了当务之急。那么，如何有效防止或打破这种对话僵局呢？我们先来看一个案例。

【对话智慧】

乔斌，一位年届三十的单身青年，面对父母的催婚压力，通过熟人介绍结识了女孩小李。在一家静谧的咖啡厅里，两人的初次见面并未如预期般顺畅。简单的自我介绍后，便是长时间的沉默。乔斌敏锐地察觉到气氛的微妙变化，决定主动出击，以咖啡为引子开启话题，却未能有效延续。随后，他尝试以天气为话题，却也因对方的不感兴趣而未能深入。

在焦虑之中，乔斌想起介绍人说过小李爱好音乐，尤其喜欢张惠妹的歌曲。这一发现成为了破冰的关键。他巧妙地利用咖啡厅内的歌手表演作为切入点，成功引出了小李对音乐的热情，两人随即围绕共同喜爱的歌曲展开了热烈的讨论，并最终相约前往 KTV 共享音乐时光，留下了美好的第一印象。

【明道理】

乔斌的经历向我们展示了在社交对话中打破沉默、寻找话题的艺术。首先，观察并利用周围环境是开启话题的有效方式。其次，深入了解并投其所好，围绕对方的兴趣爱好展开对话，能够迅速拉近彼此的距离。此外，提问作为对话的催化剂，尤其是开放性问题，能够激发对方的表达欲望，促进对话的深入；同时，紧跟时代步伐，利用热点话题作为谈资，也是增强对话趣味性和吸引力的好方法。

【要点总结】

在没话找话的过程中，保持真诚与尊重是前提。我们应避免为了聊天而聊天，而应自然地融入对方的兴趣爱好中，以真诚的态度和得体的方式展开对话。同时，运用技巧时要注重灵活性，避免生硬刻板，让对话在轻松愉快的氛围中自然流淌。

⊙ 接话要能激发对方共鸣

在人际交往的广阔舞台上，接话无疑是一门细腻而深邃的艺术。一句恰到好处的接话，不仅如同润滑剂般让对话流畅无阻，更能如同桥梁般连接心与心的距离，激发共鸣，深化相互的理解与信任。那么，在纷繁复杂的社交对话中，我们如何掌握这门艺术，让接话更加有效呢？

【对话智慧】

随着岁月的流转，我愈发察觉到同龄人之间一个微妙的转变。曾几何时，我们聚会时热议的是工作的挑战与成就，或是生活的乐趣与琐碎。然而，当我们的孩子渐渐长大，尤其在我们的孩子步入小学后，聚会的话题便悄然转向了他们——特别是女性之间，孩子成为了无可替代的中心。

一次大学同学的家庭聚会，众人围坐，笑语连连，话题自然而然地落到了孩子身上。其中一位同学的妻子略带忧虑地分享道："我们家那孩子，真是让人操碎了心，辅导作业简直就是一场战役，眼看就要小升初了，成绩却还平平，真不知道将来怎么是好……"

我闻言，心中顿时生出共鸣，于是温和地回应："我完全能懂你的心情，我家孩子也是，每次辅导完作业都感觉像是经历了一场大战。前几天，孩子的班主任还特意打电话来，提醒我要注意提高孩子的做题速度，说是这对初中学习至关重要……"

朋友妻子听后，连连点头，仿佛找到了知音："是啊，这个真的很重要，我也听好几个辅导班老师这么说过……"

就这样，原本预计两个小时的聚餐，在关于孩子教育的热烈讨论中悄然流逝，结束时我们仍意犹未尽，仿佛打开了话匣子，找到了共同的语言。

【明道理】

为何我们的对话如此投机？关键在于我巧妙地接话，触动了对方的心弦，引发了深刻的共鸣。那么，如何在接话中激发共鸣呢？以下几点或许能为你提供一些启示：

一、深入理解对方的观点和感受，这是共鸣的基石。只有真正站在对方的角度思考，才能说出触动心灵的话语。

二、寻找并强调彼此的共同点。共同之处如同磁石，能迅速拉近心与心的距离，让对方感受到你的理解和认同。

三、表达共情至关重要。当对方分享喜悦或忧伤时，适时地表达你的理解和支持，如"我能理解你的感受，这确实不容易"，这样的话语如同温暖的阳光，能照亮对方的心房。

当然，接话的艺术远不止于此，它需要我们在每一次对话中不断实践、摸索，最终找到最适合自己的方式。

【要点总结】

总而言之，接话的艺术在于用心感受对方，真诚共情对方。当我们能够用心倾听、真诚回应，将话语化作心灵的桥梁，便能轻松跨越隔阂，达到共鸣的彼岸。

第五部分

钻石段位：做一名心理学专家

第十三章　拒绝有理

⊙用表情传递拒绝之意

在日常生活与职场交往中，我们时常遇到拒绝他人的情境，而直接拒绝往往伴随着尴尬与不适。此时，巧妙地运用表情成为一种非言语却高效的沟通方式，它能在不伤害对方情感的同时，清晰地传达我们的拒绝之意。

【对话智慧】

刘军是某私营医院的骨干，凭借全面的专业技能和乐于助人的性格深受同事喜爱。然而，这份热心肠有时却让他陷入两难境地：频繁地帮助同事，导致自己的工作任务积压，最终被领导严厉批评乃至收到岗位调整的警告。这次经历让刘军深刻意识到，在保障自身工作不受影响的前提下，学会拒绝同样重要。

面对这一挑战，刘军在一次偶然的机会中找到了解决之道。当行政主任吴某提出让他帮忙制作PPT时，刘军没有直接开口拒绝，而是转头望向吴某，脸上流露出为难的神色，同时电脑屏幕上正播放着他急需完成的视频剪辑工作。吴某见状，立刻心领神会，主动撤回了请求。

自那以后，刘军便灵活运用这种"表情拒绝"的技巧，既维护了同事间的和谐关系，又有效保护了自己的工作时间和效率。这一转变不仅显著提升了他的工作表现，更让他在职场上展现出了更加成熟与自信的一面。

【明道理】

在拒绝的艺术殿堂里，表情是一位举足轻重的"演员"。一个微妙的微笑，搭配一句"谢谢你的好意，但我手头已有安排"，既表达了感激之情，又明确了拒绝之意。摇头轻叹，配以"恐怕我难以胜任"，则简洁而礼貌地传达了拒绝的信号；然而，值得注意的是，表情的含义可能因文化背景、个人理解的不同而有所差异，因此在使用时需确保对方能够准确解读。

为了增强表达效果，我们还可以将表情与语言、身体语言相结合。例如，在摇头的同时轻轻摆手，或微笑转身离开，都能使拒绝之意更加明确且不失礼貌。特别是在使用惊讶表情时，需确保表情自然真实，避免夸大其词引起误会；同时，配以温和的语气和语调，以及适当的身体动作，如微皱眉头或摆手，能更生动地表达我们的立场和感受。

【要点总结】

运用表情表达拒绝是一门需要细心揣摩与实践的艺术。它不仅要求我们掌握各种表情的微妙差别，还需根据具体情况灵活运用。重要的是，保持真诚与尊重，确保对方能够准确理解我们的意图；同时，我们也要意识到，并非所有情境都适合用惊讶等表情来表达拒绝，有时直接而明确的沟通方式或许更为恰当。在职场与生活中，灵活运用各种沟通技巧，才能更好地维护人际关系，实现自我价值的最大化。

⊙ 此时无声胜有声

你是否曾有过这样的经历：内心明明对某个请求充满抵触，却又难以说出"不"字？此时，沉默便成了一种含蓄而有力的回应方式。值得注意的是，沉默并非无礼，它可以是温柔且坚定的拒绝信号，让对方在察觉到你的犹豫后，自然不会再强求。

【对话智慧】

在我的职场旅程中，有这样一段经历让我记忆尤为深刻。那时，我担任业务经理一职，公司架构因业务扩展而调整，新增了一位业务主管李某，领导另一支团队。这意味着原本单一的业务团队与经理配置，转变为双团队、双经理的格局。

某日，李某找到我，提出了一个敏感的合作提议："我手头有个项目，团队里都是新人难以胜任，不如由你来接手，成功后提成归你，业绩算我们的。"面对这样的请求，我内心是拒绝的——它既不符合公司政策，也可能引发业务区域的混乱，更关键的是我的直接上级张总绝不会同意。然而，碍于彼此间的职级与潜在的复杂关系，我选择了以沉默作为回应。

李某见我沉默不语，或许已洞察我的心思，便未再步步紧逼，转而给出了一个缓冲："项目情况就是这样，你若有意，下班前找我；若不同意，也无需多言，你自行考虑。"我则以微笑和一句"谢谢李总的体谅，我会认真考虑的"作为回应，既不失礼貌，又明确了立场。

【明道理】

运用沉默作为拒绝方式时，需牢记以下几点策略：

一、明确意图。首先确保沉默是出于拒绝而非其他，如犹豫或思考中。若仅为后者，沉默可能适得其反。

二、非言语表达。眼神坚定，表情自信，让沉默背后的态度不言而喻。

三、身体语言辅助。通过微妙的身体动作，如微微转身或调整坐姿，传达出对话题的不感兴趣或拒绝。

四、留有余地。虽以沉默拒绝，但也应给予对方尊重与理解，用如"我需要时间考虑"等委婉之辞，避免让对方感到尴尬。

【要点总结】

沉默拒绝是一门微妙的艺术，需根据情境灵活运用。不同场合与对象，可能需要不同的处理方式。掌握这门艺术，关键在于敏锐的观察力、精准的判断力，以及良好的表达能力。

⊙抬高别人，贬低自己，而后婉拒

抬高别人，是一种谦逊而高明的交际策略，它能让对方真切体会到被尊重与认可，能有效缓和紧张氛围，巧妙避免冲突的发生；而贬低自己，绝非自卑的体现，而是一种深谙进退之道的智慧之举。适度地自我贬低，你能够让对方感受到你的拒绝并非出于骄傲或自私，而是基于客观条件的限制。

例如，面对不合理的要求，你可以委婉地回应："你的想法真是别出心裁，我由衷地赞赏你的勇气和独到的见解。然而，我恐怕自身能力有限，难以承担起这项重任。"这样的表述，既彰显了你对对方的肯定，又清晰地传达了你的难处。或者，你也可以说："我深知自己尚有诸多不足，恐怕难以达到你的高标准。因此，我认为将这个机会留给更有经验的人或许更为合适。"这样的措辞，往往能让对方更加平和地接受你的拒绝。

【对话智慧】

丁健，在苗木行业风生水起的老板，近年来事业有成，积累颇丰。他与大学同学小赵关系甚笃。近期，小赵看中了一个项目并已投入资金，为筹集更多资金，他找到了丁健。

小赵满怀期待地说："丁健，我手上有个项目，前景相当不错，你有没有兴趣投一笔？"丁健好奇地问："哦？能详细说说是什么项目吗？"小赵兴致勃勃地介绍了一番后，追问："那你打算投多少？"

然而，丁健对这个项目并不看好，但直接拒绝恐伤和气，毕竟小赵已投入心血，且两人交情匪浅。于是，丁健巧妙地回答："听你这么一说，这项目听起来确实潜力无限，未来可期。不过，我目前的能力和资源恐怕难以匹配如此宏大的计划，实在无法参与其中，深感遗憾。"

小赵听后，非但没有不悦，反而以更加友好的态度回应："没关系，以后有更好的机会我们再合作！"

【明道理】

此案例生动展示了在拒绝他人时，采用抬高对方、贬低自己的策略所展现的智慧与风度。这种方式既体现了对对方的尊重，又清晰地表明了自己的立场，有效避免了不必要的冲突与尴尬。

当然，运用此策略时需灵活把握，避免过度谦卑或显得虚伪；同时，坚持自我，勇于表达自己的真实意愿，不轻易被外界期待所左右，也是成熟交际的重要体现。

尤为关键的是，在抬高对方、贬低自己之后，务必坚定而明确地拒绝，不给对方留下任何误解的空间；同时，不忘表达感激与祝福之情，让对方感受到你的真诚与善意，从而维护双方的良好关系。

【要点总结】

抬高别人、贬低自己再拒绝，是一种既体现尊重又保护自我的高明方法。它要求我们在表达时既要运用技巧与智慧，又要保持真诚与善良的心态。只有这样，我们才能在复杂的人际交往中游刃有余地处理各种突发情况，赢得他人的尊重与理解。

⊙论证式婉拒，让对方无法再提出要求

想象一下，当你正面临一个难以拒绝的请求时，直接说出"不"可能会让对方心生不悦，甚至悄然间影响到你们之间珍贵的情谊。更甚者，对方或许会穷追不舍，试图以更多理由说服你。此时，论证式拒绝便成为一种既得体又有效的应对策略。

论证式拒绝的魅力在于其清晰、合理的阐述方式，它能让对方深刻理解你的决定背后所蕴含的深思熟虑，而非草率的回绝。这种方法不仅能够有效遏制对方进一步的请求，还能让你的立场显得更为坚定而有力。

【对话智慧】

在撰写此书时，我接到了一位在杂志社工作的挚友来电。我们曾有

过多次愉快的合作，他对我颇为信任。这次，他再度向我发出了约稿的邀请。

"我们刚通过了一个紧急选题，需要一篇三天内完成的稿件，你能帮忙写一下吗？"他在电话中诚恳地相询。

然而，当时我正全身心投入到这本书的创作中，交稿期限同样紧迫，实在无法再承担额外的写作任务。直接拒绝，我担心会伤害到我们多年合作积累的情谊，于是我决定采用论证式拒绝的方法。

我诚恳回应："非常感谢你一直以来的信任和支持，但我现在正忙于撰写书稿，时间非常紧张。如果接受这个约稿，我担心会影响到这本书的按时完成。一旦延误，我将面临违约的风险，甚至可能影响到整本书的出版进度。因此，我希望你能理解我的处境。"

对方听后，非但没有丝毫的不悦，反而以更加友好的态度回应："我完全理解你的难处，感谢你一直以来的支持。以后有机会，我们再合作吧！"

【明道理】

通过论证式拒绝，我不仅明确表达了自己的立场，还提供了充分的理由和可能的后果，使对方能够充分理解并接受我的决定。这种方式避免了直接拒绝可能带来的尴尬和冲突，维护了双方的良好关系。

值得注意的是，论证式拒绝并非寻找借口或推脱责任，而是真诚地表达自己的困难和考虑。在拒绝时，我们应保持温和的语气，尊重对方的感受，让对方感受到我们的诚意和尊重。

为了使论证式拒绝更具说服力，我们需要做到以下几点：首先，明确自己的底线和需求，确保拒绝的决定是基于深思熟虑的；其次，提供具体的事实和数据作为支撑，使理由更加充分有力；最后，尝试从对方的角度出发思考问题，解释拒绝的合理性和必要性。

【要点总结】

论证式拒绝的核心在于论据的充分性和说服力。我们需要以真诚和友善的态度表达拒绝的决定，并给出令人信服的理由；同时，我们也要保持坚定的立场，不让对方产生误解。只有这样，我们才能在维护自己利益的同时，保持与他人的良好关系。

第十四章　声情并茂

⊙边说边看，边看边说，做对话的主导者

如果在对话中，我们能够做到边看边说，边说边看，声情并茂，那么我们就像武林高手一样，成为对话的主导者。而要做到这一点，需要我们眼观六路，耳听八方。

【对话智慧】

我是一个性格内向且不善于言辞的人，但我有一个让我引以为傲且很享受的特点，喜欢捕捉细节并天马行空地思考。

前几天，有一个业务员经人介绍来到我的办公室给我介绍他们的产品，他说："您看我们的产品有……特点，它能够……"

我边听边点头示意。

他接着说："我们的服务包含了……保证让您用了我们的产品没有任何后顾之忧。"

…………

【明道理】

整个对话过程中，我注意到了这样一个细节。他在介绍产品特性的同时，也一直在留意我的肢体反应，当我点头示意后，他就会进行下一个特性的介绍，然后又看着我的变化。总之，他在说话的过程中，对我身体表情的变化捕捉得相当精准，什么时候该说什么话，什么时候切入下一个话

题，把握得很是到位。

在整个对话中，他主导着节奏，但我丝毫没有感觉到反感和厌恶；相反，让我感到很是享受，整个对话过程也很顺畅。

事后我一直在思考一个问题，为什么他介绍产品的时候和别的业务员介绍产品的时候相比，给我的感觉不一样呢？

最后我找到了答案，他和其他业务员不同的地方是他能够做到在对话的过程中边说边看，边看边说，从而准确把握了说话时机。

什么是边看边说？

这可不仅仅是简单地看着对方的眼睛说话！我们要学会观察对方的表情、肢体语言和情绪变化。就像会读心术的大师一样，通过这些细微的信号，我们可以更好地理解对方的真实想法和感受。这样，我们就能更有针对性地回应对方，让对话更加顺畅和有趣。

什么是边说边看？

我们在表达自己观点的同时，要留意对方的反应。如果对方露出疑惑的表情，我们就可以适时地解释一下；如果对方看起来很感兴趣，我们就可以深入探讨。这种实时的反馈能让我们的对话更加互动和生动。

这就是对话中边看边说、边说边看的魔力，换句话讲，这也是一种心理学。当然，我们要想熟练运用这种对话技巧，还要懂得灵活应变。对话的走向往往是难以预测的，我们需要根据实际情况及时调整自己的策略。

【要点总结】

如果你还没有掌握这种对话技巧，也不要着急，因为这些技巧不是一时半会儿就能够掌握的，就像练武功一样，需要不断地练习和实践。不要为了使用技巧而使用技巧，否则会让对话变得生硬和不自然。

⊙ 客观表述，赢得对方好感

在多数对话情境中，我们皆致力于赢得对方的好感，构建稳固的人际关系，为交流铺设一条和谐愉悦的通途。此目标的实现，离不开一项至关重要的技能——客观表述。从心理学视角审视，客观表述如同一座桥梁，能够轻易跨越信任的鸿沟，使对方更倾向于接纳我们的观点，同时彰显我们的成熟与理性，赢得对方由衷的尊重。

【对话智慧】

历经职场风雨的洗礼，作为领导者的我，时常需亲自面试众多求职者。在此，我愿分享一段关于面试企划助理的深刻经历。

那日，公司组织了一场集体面试，岗位聚焦于企划助理，候选者约有十人。在会议室，他们逐一展开了自我介绍。

A求职者自信满满："我毕业于某知名大学新闻专业，硕士学位，母校乃全国闻名的……基地，实习期间更有幸与某业界巨擘共进晚餐……"虽说句句属实，但其言辞间的浮夸感却让人难以忽视，遂被我默默排除。

B求职者亦不甘示弱："我在企业界摸爬滚打近二十年，无论项目大小，皆能信手拈来，企划工作对我而言不过是驾轻就熟，从无不可攻克之难关……"如此自吹自擂，令人心生疑虑，后面数位皆是如此，仿佛他们的过往皆是传奇，让人不禁自惭形秽。

直至小李的出现，他的自我介绍虽显平实，却透露出一种不凡的沉稳。我好奇地追问："你认为自己最突出的优点是什么？"他并未急于自夸，而是客观而具体地阐述了过往工作中的成就，并着重强调了自我学习的热情与团队协作能力。

他缓缓道来："在过往的工作中，我有幸主导并完成了几项关键项目，这些经历赋予了我宝贵的经验。我深知持续学习的重要性，不断汲取新知，以应对职场的快速变迁。而在团队中，我擅长倾听，与伙伴们紧密合作，共同追求卓越。"

【明道理】

作为面试官，从对话的细微之处，我深切感受到他对我的尊重与真诚，这份客观而谦逊的态度，无疑为他赢得了我的好感与信任，最终促成了他的成功入选。

诚然，客观表述并非易事，它要求我们在对话中克服情绪化的干扰，坚守事实的底线。以下几点，或可助我们一臂之力：

一、情绪管理至关重要。在激动或愤怒时，务必保持冷静，以客观的态度审视问题，防止言辞中的主观色彩。

二、客观表述需以事实为基石。摒弃无端的猜测与夸大，用具体的数据与实例支撑你的观点，让对话更加坚实有力。

三、慎用绝对化的语言。它们往往显得过于偏激，而相对温和的措辞则能赋予你的表述更多弹性与空间。

四、尝试换位思考，理解对方的立场与需求。这样的同理心将使你的表述更加贴心与客观，促进双方更深层次的共鸣。

【要点总结】

掌握客观表述的艺术，不仅能让我们的交流更加顺畅无阻，更能加深彼此的理解与信任。记住，以事实为依据，避免夸大其词，慎用绝对词汇，这样的表述方式将使我们的话语更加可信且富有说服力。

⊙ 了解对方需求，说重点

说话若未能切中要害，便如同药不对症，徒劳无功，甚至可能适得其反，不仅无法达成有效沟通，还可能引发听者的反感。因此，掌握探知对方需求并精准表达重点的能力尤为重要，这无疑是提升沟通效果与效率的捷径。

【对话智慧】

于某小区北侧，毗邻医院之处，有一间修电动自行车的简陋铺子，其主人是一位慈祥的老大爷。我的一位在医院工作的朋友，因日常频繁相见，与这位大爷渐渐熟络起来。一日下班，他漫步至铺前，与大爷闲聊之际，一位姑娘神色慌张地推车而来。

姑娘焦急万分地诉说："大爷，这车总出问题，今天又半途坏了，真是急死人。您看看，轮胎是不是不行了？还有电瓶，刚充满电没多久就没劲了……"

大爷一边仔细检查车辆，一边耐心倾听，随后温和地提议："瞧您这么着急，如果有急事可以先用我的车，您的车我会修好。或者，我尽快让它能动起来，您先骑着去办事，其他问题等您有空再来处理。"

姑娘略一思忖，回应道："我真是急糊涂了，确实有急事，但时间还来得及，我还是等您修好了再走吧，其他问题后续再来麻烦您。"

【明道理】

此番对话，大爷展现了非凡的沟通能力——他能够敏锐地探知对方的需求并作出恰当回应。这种能力，或许在他看来稀松平常，但从沟通艺术的角度来看，却并非人人皆具备。大爷铺子生意兴隆，或许正得益于他对人性需求的深刻理解与精准把握。

那么，我们如何效仿大爷，做到准确探知需求并有效对话呢？

一、积极倾听与细致观察是关键。通过捕捉对方言语中的关键词汇与情绪，以及非言语信息如肢体语言、面部表情等，我们可以深入了解其真实需求与内心状态。会议中，尤其要留意他人的发言与反应，适时提问以引导对方深入表达。

二、非语言信息的解读同样重要。微笑、皱眉、眼神交流、身体姿态等细微动作，往往比言语更能直接反映一个人的情感与态度。学会解读这些潜台词，有助于我们更准确地把握对方的情绪变化与真实意图。

三、表达时务必抓住重点。采用"金字塔原理"，即先总后分，先提出核心观点，再逐步展开细节与论据；同时，选择简单明了的语言与句式，避免冗长复杂的表达，以确保信息传达的清晰与高效。

【要点总结】

沟通，作为人际交往的艺术，其核心在于探知需求与精准表达。通过积极倾听、细致观察与非语言信息的解读，我们能够深入了解对方；而通过简洁明了的重点表达，我们则能更好地传达自身意图。掌握这些技巧，将使我们在对话中更加游刃有余，达到事半功倍的效果。

⊙声情并茂，完美展现

你是否曾留意，某些人的话语如同磁石，自然而然地吸引着你，这源于他们说话的方式极具代入感，能够声情并茂地讲述。这样的表达之所以吸引人，是因为它触发了我们内心深处的情感共鸣。当一个人的声音饱含激情地叙述故事时，那份情感仿佛穿越时空，直接触动我们的心弦，使我们与之同悲共喜。毕竟，人类的情感是相通的，声音作为情感的载体，能够传递出超越言语本身的丰富信息，引领我们深入探索对方的内心世界。

【对话智慧】

"五一"假期归来，办公室里氛围各异，有人精神焕发，也有人略显疲惫。芳芳迫不及待地与艳艳分享起她的旅行奇遇。

芳芳眼中闪烁着光芒，兴奋地说："我去了日照，那里的海滩简直美得让人心醉！海浪轻拍着岸边，阳光在波光粼粼的海面上跳跃，整个世界都变得宁静而美好。"

艳艳听得陶醉，不由自主地赞叹："哇，听起来简直就像看到一幅绝美的画！我能清晰地感受到那份宁静与美好。"

芳芳的情绪更加高涨："而且，我还勇敢地尝试了冲浪！那种在巨浪间穿梭，仿佛与大海共舞的感觉，简直太不可思议了！"她的声音里充满了难以言喻的激动与兴奋。

艳艳被深深感染，激动地问："真的吗？那真是太棒了！我一直梦想着能去冲浪，却总没机会。你一定享受到了极致的快乐吧？"

芳芳笑着点头，略带自嘲地说："是啊，虽然过程中摔了几次跟头，但那份成就感和快乐是无法用言语来形容的。"

【明道理】

显然，声情并茂的对话是连接心灵的桥梁，它让我们能够更真实、更生动地表达自己，同时也让对方更深刻地理解我们的感受。那么，如何掌握这一技巧呢？

一、身体语言是不可忽视的关键。在说话时，适当的手势、生动的面部表情以及自信的身体姿势，都能为我们的表达增添无限魅力。一个微笑能瞬间拉近彼此的距离，显得我们更加友好和可信；而坚定的手势则能强化我们的观点，让对方更加信服。

二、语调的运用也是一门艺术。柔和亲切的语调能营造温馨舒适的氛围，使对方放松戒备；而坚定自信的语调则能彰显我们的决心和力量，让人不由自主地被说服。因此，在沟通过程中，我们要根据具体情境和目的灵活调整语调，以达到最佳效果。

三、真诚的情感流露是声情并茂的核心。当我们敞开心扉，真诚地分享自己的感受、经历和想法时，那份真实与纯粹会深深打动对方的心。同时，适当的情感表达也能增强语言的感染力，让我们的观点更加深入人心。

【要点总结】

声情并茂地说话是一种高超的沟通艺术，它能够触动人心、引发共鸣，从而更有效地传达我们的信息和观点。要掌握这一技巧，我们需不断练习、感受内心的情感波动、注重声音的训练，并学习优秀表达者的经验和技巧。只有这样，我们才能在沟通中游刃有余地运用声情并茂的表达方式，让每一次对话都成为一次心灵的触碰和交流的盛宴。

第十五章　有理有据

⊙有理有据，才会让人感到靠谱

在人们日常的交流与争论中，我们常常面临观点碰撞与说服的挑战。有时，即便我们满怀热忱地表达见解，有时却难以赢得他人的信服；在尝试引导他人采取行动时，又感到力不从心。那么，如何才能在交流中树立起可信赖的形象呢？关键在于掌握有理有据的说话艺术。

【对话智慧】

这里，让我们重温经典，"诸葛亮舌战群儒"的智慧对话至今仍令人叹为观止。不妨设想自己置身于那历史性的场景中：

群儒质疑："诸葛先生，您此行莫非意在促成我东吴与刘备结盟，共抗曹操？"

诸葛亮从容应答："确是如此，曹操势不可挡，东吴若孤军奋战，恐难敌其锋芒。唯有携手刘备，方能形成抗衡之力。"

面对轻视，诸葛亮反驳："诸位所言差矣。刘备虽出身寒微，却乃汉室后裔，仁德之名广传四海。更有关羽、张飞等虎将辅佐，加之我孔明之力，岂可小觑？"

针对兵力悬殊的质疑，诸葛亮进一步分析："曹操虽兵多将广，然长途跋涉，疲惫之师难以为继。反观孙刘联军，以逸待劳，且坐拥长江天险，胜负尚未定论。"

对于名分之争，诸葛亮义正词严："曹操名为汉相，实乃窃国大盗，专横跋扈，欺凌天子，天下共愤。刘备承继汉室正统，抗曹实为正义之举。"

面对持续挑战，他坚定回应："事实胜于雄辩。曹操暴虐无道，民不聊生；刘备则以仁义治世，深得民心。此乃顺应天道之举，岂容质疑？"

最终，诸葛亮以无可辩驳的论据，赢得了群儒乃至东吴君臣的认同，为孙刘联盟奠定了坚实的基础，也为后世的赤壁之战埋下了胜利的伏笔。

【明道理】

此段对话深刻彰显了有理有据沟通的力量。诸葛亮以冷静自若的神态，运用严密的逻辑推理与确凿的事实，逐一化解了对手的质疑，展现了强大的说服力。从而启示我们在面对众人反对时，保持冷静自信，运用逻辑与事实进行反驳，是赢得理解与尊重的关键。

有理有据说话，要求我们在表达观点时，不仅要有清晰的思路，还需有充分的证据支持。这不仅有助于他人更好地理解我们的意图，还能显著提升观点的可信度。例如，在推荐产品时，详尽阐述其特性、功能及优势对比，远比简单的一句"很好用"更具说服力。

此外，这种沟通方式还能彰显我们的专业素养与知识水平。当我们能够引经据典、用数据支撑时，自然能赢得他人的尊重与信赖，使我们在讨论中占据更有利的位置。

【要点总结】

掌握有理有据的说话艺术，是提升沟通效能、增强个人魅力的关键。在交流中，我们应力求言之有物、言之有理，以扎实的论据支撑观点，成为那个值得信赖、令人信服的人。

⊙说话顺着对方

我们每个人都有过这样的经历，在与他人交谈时，若发现对方的话语与自身观点不谋而合，那份心灵的契合感便油然而生，仿佛久别重逢，让人迫不及待地想要继续这场对话，深信对方所言字字珠玑。这种奇妙的感受背后，隐藏着怎样的奥秘呢？

一方面，或许是因为我们幸运地遇到了价值观相同的知己；另一方面，更可能是对方巧妙地运用了对话的艺术，主动向我们靠拢，这正是我们今天要深入探讨的沟通技巧。

【对话智慧】

我曾有幸结识一位销售界的佼佼者，当我好奇地向他请教如何赢得每位客户的青睐时，他微笑着给出了简洁而深刻的答案："说对方爱听的。"接着，他分享了一段令人印象深刻的经历。

他曾赴浙江拜访一位业内闻名的"难缠"客户，出发前，同事们都为他捏了一把汗，做好了最坏的打算。然而，令人意想不到的是，短短三天，他不仅成功打破了僵局，还与这位难缠"客户"顺利达成了合作意向。

成功的秘诀在于他事先的充分准备。他深入研究了这个客户的兴趣爱好、性格特点，得知客户酷爱钓鱼后，便迅速恶补钓鱼知识，并精心挑选了一套渔具作为见面礼，巧妙地为自己赢得了初次交流的机会。在客户的办公室里，他自然地聊起了钓鱼的话题，从自己的体验切入，迅速拉近了与客户的距离。

不仅如此，他还敏锐地捕捉到客户对狗的深厚情感，顺势将话题引向养狗的乐趣，用自己的亲身经历引发了客户的共鸣，让对话更加温馨而深入。就这样，他凭借着对客户的细致观察和精准把握，逐步建立了信任，最终赢得了客户的青睐。

【明道理】

那么，如何才能做到在对话中自然地向对方靠拢呢？

一、深入了解对方是关键。时间充裕时，不妨提前做足功课，了解对方的兴趣、观点乃至为人处世的方式；若时间紧迫，则需在对话过程中保持敏锐的听力，从对方的言谈中捕捉信息，为后续的交流打下良好基础。

二、积极寻找共同话题。共同的兴趣爱好或经历能够迅速拉近彼此的距离，让对话在轻松愉快的氛围中展开，促进双方更深入的交流。

三、尝试用对方的语言表达自己的想法，这不仅能够让对方感受到你的亲近与尊重，还能使你的观点更加易于被对方接受和理解。

【要点总结】

值得注意的是，向对方靠拢并不意味着放弃自己的原则和立场，而是一种高明的沟通技巧，它旨在通过更加贴心和有效的沟通方式，让对方感受到你的真诚与尊重，从而建立起更加稳固和和谐的交流关系。

⊙ 换位思考，顺着对方说话

在人际交往的舞台上，当我们遭遇对方固执己见、频频反驳自己的情形时，内心难免会泛起涟漪，甚至可能触发争执的火花。因此，掌握"顺着对方说话"的艺术，便成为一把开启和谐对话之门的钥匙，它让交流顺畅无阻。

【对话智慧】

有一只机智却性格倔强的小狐狸，在森林里与不同动物的邂逅中，学会了沟通的技巧。面对自视甚高的老虎，小狐狸以一句由衷的赞美，不仅赢得了老虎的欢心，还意外收获了庇护。随后，当面对更为威猛的狮子时，小狐狸再次运用这一策略，巧妙地化解了危机。这不仅仅是对智慧的展现，更是对"顺着对方说话"这一沟通艺术的深刻诠释——它并非简单的妥协，而是一种自我保护与和谐共处的智慧。

【明道理】

这则寓言启示我们：在沟通中，顺着对方的话语脉络前行，能够有效促进彼此的理解与接纳，减少不必要的摩擦与冲突，但这并不意味着我们要放弃自我，而是在坚守原则与底线的同时，以更加温和、灵活的方式表达自我。例如，在家庭讨论中，我们可以先倾听家人的意见，再以同理心为基础，分享自己的观点；在职场合作中，适时地赞美同事，能够激发团队的凝聚力，使工作更加顺畅。

更重要的是，顺着对方说话，能够营造出一种尊重与包容的氛围，让对话双方都能感受到被重视与理解。在面对分歧时，采用"我理解你的观点，但我也有不同看法，我们是否可以共同探讨？"这样的表述方式，不仅能够维护自己的立场，还能鼓励对方进行更深入的思考与交流。

此外，这种沟通方式还有助于我们更好地理解他人的情感与需求，从而在关键时刻给予恰到好处的支持与鼓励。它教会我们在冲突面前保持冷静与理智，以退为进，用智慧化解矛盾，让生活充满更多的和谐与温馨。

【要点总结】 ～～～～～～～～～～～～～～～～～～～～～～～～～～～

"顺着对方说话"，作为一种高明的沟通技巧，其核心在于认同与尊重。它要求我们在沟通中保持敏锐的洞察力与同理心，灵活运用语言的力量，促进双方的理解与合作。然而，这一策略也需谨慎使用，要避免过度迎合而失去自我。在坚持原则与尊重他人的平衡中，我们方能真正掌握这门沟通的艺术，让每一次对话都成为增进彼此情谊的桥梁。

⊙ 有些话不好说，不如暗示一下

让对方心悦诚服地认同你的观点，方法多样，而"暗示"无疑是其中的有效措施。

在人际交往的微妙舞台上，面对那些难以直截了当表达的话题，暗示便成了一种艺术，如同施展了一种语言上的魔法，既传达了我们的心声，又避免了对他人的直接伤害。

【对话智慧】

在我的职业生涯中，有这样一段经历尤为难忘。初入职场的第二年，我在一家大型企业担任活动执行，每日忙碌异常，总觉有干不完的工作。那时的我，自认为是公司的勤勉之星，对得起薪酬。然而，一次与主管领导共进午餐的契机，让我有了新的认识。

领导温和地说："我看你最近特别忙，真的是辛苦你了！"我谦逊回应："没什么，应该的。"紧接着，领导巧妙地引导："我最近读到一本关于高效工作的书籍，深受启发，对提升效率大有裨益。你有空也可以看看，相信对你会有帮助。"

那一刻，我迅速捕捉到了领导的弦外之音，意识到这是他在以一种温和的方式指出我工作效率上的不足。但这样的沟通方式，非但没有让我感到被批评的尴尬，反而激发了我自我提升的动力。随后，我重新审视工作流程，优化方法，效率显著提升。

【明道理】

这个故事深刻揭示了暗示的沟通魅力，它能在维护对方情感的同时，传递出我们的真实意图，引导对方自我反思与成长。暗示之所以有效，在于其含蓄与委婉，它像一位智者，用智慧的话语启迪人心，而非简单的说教。

当我们想要提醒他人时，不妨采用类似的方式表述："我最近读到一则寓言，情节与我们的现状颇为相似……"这样的表述，往往能促使对方自我对照，从而自发地做出改变。

当然，运用暗示也需掌握技巧。首先，选择恰当的时机与氛围至关重要，对方心情放松时更易接受。其次，语言需精炼而富有启发性，确保信息准确传达；同时，保持对对方反应的敏锐观察，适时给予进一步的引导或解释。

尤为重要的是，暗示虽好，却非万能。在涉及重大事项或需要明确表态的场合，直接而坦诚的沟通仍是不可或缺的。

【要点总结】

暗示，这一含蓄而智慧的沟通策略，能够在不伤害对方的前提下，让我们的观点更易于被接受和理解；然而，它也并非适用于所有情境，关键时刻仍需我们勇于直接表达，以确保信息的准确传递与理解到位。

第六部分
王者段位：我的对话我做主

第十六章　王者的对话，从倾听开始

⊙对话中的"二八法则"

在对话沟通的艺术里，"谈话八分听，二分说"精妙地概括为"二八法则"，即倡导我们应将大约80%的时间致力于倾听与深刻理解对方，而仅用大约20%的时间来阐述个人见解或给予反馈。

这一原则深刻揭示了沟通的本质——倾听与理解对方的重要性远胜于自我表达。

【对话智慧】

我家楼下，有家音乐酒吧，周末时分，我常光顾此地，借以释放一周工作的重压。某周末，偶遇一位心事重重的同事，遂相约于此共酌几杯。

几轮推杯换盏后，同事吐露心声："工作中，我的沟通遇到了瓶颈，总感觉与同事交流不畅，他们似乎难以理解我的意图。"

鉴于我已对"二八法则"有所领悟，便适时提及："这其实很常见，沟通中有个'二八法则'，你听说过吗？"

他摇了摇头，表示不解。我随即解释道："'二八法则'，简而言之，就是在沟通时，我们用20%的时间表达，而80%的时间则用来倾听。很多时候，我们太过专注于自我表达，却忽略了倾听对方的心声。"

他听后，陷入沉思，随后表示愿意尝试。

数日之后，他再次邀我至那家酒吧，从他脸上的笑容中，我感受到了他的变化。他激动地分享道："你的建议太有效了！我现在与同事的沟通顺畅许多，他们也更加愿意倾听我的想法了。"

【明道理】

此故事深刻启示我们：在沟通对话中，倾听的力量不容小觑。"二八法则"不仅在职场中大放异彩，亦是我们日常生活中不可或缺的沟通智慧。让我们学会将更多时间留给倾听，用更少的时间表达自我，以此增进理解，构建更加紧密的人际联系。

在践行"二八法则"的过程中，倾听与表达相辅相成。在谈及表达策略时，我们应追求言简意赅，避免冗长与晦涩，以确保信息传达的清晰与高效；同时，采用开放性问题引导对方分享，有助于我们更深入地走进对方的内心世界。在表达理解与共鸣时，一句"我理解你的感受"或"我能够感受到你的……"往往能迅速拉近彼此的距离。

【要点总结】

"二八法则"在沟通中的核心在于强调倾听的价值，并倡导在表达时追求简洁、避免评判、运用情感化语言。此外，明确沟通目标亦至关重要，它能帮助我们聚焦关键信息，避免时间与精力的无谓消耗。

⊙ 面带微笑去倾听，你会得到更多信息

我们深知，在沟通艺术中，倾听占据举足轻重的地位；然而，倾听的效果却因人而异，这往往不仅仅关乎理解力，更与个人表情息息相关。通常，微笑倾听与面无表情的倾听，给予讲述者的感受截然不同。

【对话智慧】

20世纪美国文学巨匠海明威以其代表作《老人与海》在1954年荣获诺贝尔文学奖，这无疑奠定了他在全球文学史上的崇高地位。在一次读者见面会上，面对热情洋溢的读者，海明威展现了他非凡的沟通技巧。

A读者满怀激情地说："您的所有作品我都读过，但这本书我觉

得……"海明威始终保持着温暖的微笑，耐心倾听后，简短而诚恳地回应："谢谢您的认可，您说得很有道理。"

B读者紧随其后，分享道："我觉得这本书深刻地揭示了现实生活中的……"海明威依然面带微笑，鼓励道："您的理解非常深刻，几乎要超越作品本身了……"

整场活动，海明威没有过多地自我阐述，而是用微笑和专注倾听构建了一座桥梁，让读者感受到被尊重与重视。这种互动不仅让现场氛围更加融洽，也让海明威从读者的反馈中获得了宝贵的灵感与洞见，进一步巩固了他文学巨匠的地位。

【明道理】

这些故事深刻地揭示了微笑倾听的无限价值。它不仅是理解他人的钥匙，更是展现个人谦逊与尊重的光辉名片。微笑，这一无声的语言，传递着温暖与善意，能够瞬间拉近人与人之间的距离，让沟通变得更加顺畅与深入。

微笑倾听不仅能够促进信息的有效传递，还能在无形中构建坚实的人际关系网。它如同一股温暖的力量，化解尴尬与紧张，让交流双方在轻松愉悦的氛围中畅所欲言；同时，这也是一种自我提升的过程，通过倾听他人的智慧与经验，我们能够不断拓宽视野，丰富内心世界，并学会更加宽容与理解他人。

为了提升微笑倾听的能力，我们可以采取以下策略：首先，调整心态，保持轻松愉悦的状态，让微笑更加自然真诚；其次，在倾听过程中给予适当的回应，如点头、微笑等，以表达我们的关注与理解；最后，注意保持良好的身体语言，如微微前倾的姿态，以展现我们的尊重与兴趣。

【要点总结】

微笑倾听是一种强大的沟通工具，它能够帮助我们获取更多有价值的信息，建立更加和谐的人际关系，并促进个人素养的全面提升。在实践中，我们应注重调整心态、给予回应以及保持良好的倾听姿态，以充分发挥微笑倾听的魅力。

⊙具有同理心的倾听，才是倾听的最高层次

在这个纷扰的世界里，我们每日穿梭于人际交流的洪流中，但真正的倾听却成了一种稀缺的品质。我们往往急于表达自己的观点，却不经意间忽略了对方内心深处的声音。然而，具有同理心的倾听，作为倾听艺术的巅峰，能够引领我们跨越心灵的鸿沟，深刻理解他人，从而构筑起更加坚固与深刻的人际关系桥梁。

那么，何谓具有同理心的倾听呢？它超越了单纯的听觉接收，而是一种深入骨髓的情感共鸣与体验共鸣。当我们以同理心为引倾听他人的话语时，我们不再是旁观者或评判者，而是化身为对方坚实的后盾与深刻的理解者。

【对话智慧】

在人生的旅途中，我们总有几位几乎每日相谈甚欢的挚友。若某日，频繁的交流戛然而止，我们不禁会心生疑窦，猜测对方是否遭遇了什么。

我便有这样一位朋友，往日里微信消息不绝于耳，但某日却突然陷入了沉默。我随即拨通了电话，关切地问："近来可好？怎么感觉你有些沉默寡言了？"

他叹了口气，缓缓道出了近日的困境："哎，最近诸事不顺，失去了一个大客户，还挨了领导的批评，业绩一落千丈，连主管的位置也岌岌可危。"

面对他的苦恼，我并未急于给出安慰，而是设身处地地说："我完全能理解你的感受，那种全力以赴却未得偿所愿的挫败感，我也曾深有体会，那种时候，真的感觉世界都灰暗了。"

我的话仿佛为他打开了一扇窗，他开始滔滔不绝地讲述起自己的遭遇。我则在一旁静静聆听，适时给予回应，让他感受到我的陪伴与支持。待他倾诉完毕，我轻轻地说："人生总是充满了起伏，没有谁能一帆风顺；但请相信，只要我们不放弃努力，失去的一切终将失而复得。"

随后，他兴奋地分享了自己接下来的工作计划，那份激情与决心让我深感欣慰。

【明道理】

这段经历深刻地启示我们：同理心的倾听是沟通中不可或缺的黄金法则。面对他人的困扰与挑战，我们应首先成为他们的倾听者而非指导者。通过用心感受对方的情绪与经历，我们能够传递出真挚的关怀与支持，从而拉近彼此的距离。

在日常生活中，我们应学会以同理心去倾听他人的故事。当朋友向我们敞开心扉时，一句"我能理解你现在的感受"或"如果我是你，或许也会感到难过"便能让他们感受到被理解与接纳的温暖；同时，我们还应注重自己的表情与肢体语言，保持眼神的交流与适时的回应以表达我们的专注与在意。

具有同理心的倾听不仅能让对方感受到被尊重与理解，还能促进我们之间的情感交流与信任建立。那么如何更好地实践这一法则呢？

一、我们需要放下个人的偏见与成见全心全意地投入对方的讲述中去。

二、通过提问与反馈来确认我们是否真正理解了对方的意图与感受。

三、给予对方充分的时间与空间让他们自由表达内心的想法与情感。

例如当朋友向我们抱怨工作压力时我们可以这样回应："我深知你现在面临的压力有多么巨大。你有没有想过尝试一些放松的方法来缓解一下呢？"这样的回答，既表达了我们的理解，又提供了实质性的建议让对方感受到我们的关心与支持。

当然具有同理心的倾听并不意味着我们要盲目认同对方的观点或行为。在倾听的过程中，我们应保持独立的思考与判断但始终以尊重与理解为前提，这样的交流才是真正意义上的心灵对话能够促进我们与他人的共同成长与进步。

【要点总结】

具有同理心的倾听是一门需要不断修炼的艺术。它要求我们站在对方的角度去思考问题感受对方的情感与经历。只有这样，我们才能与对方产生深刻的共鸣建立起更加紧密与真挚的情感联系。让我们在日常的沟通中多一分耐心与理解，用具有同理心的倾听去温暖每一个需要关怀的心灵。

第十七章　掌控对话节奏

⊙ 如何让对方加快说话节奏？

在对话沟通中，我们时常会面临特殊情境，例如时间紧迫或需迅速推进议程，而对方的话语却显得冗长或节奏缓慢。此时，巧妙地引导对方加速谈话便显得尤为重要。

【对话智慧】

王凯，一位经验丰富的项目经理，正领导团队冲刺一个关键项目。在一次至关重要的团队会议上，他注意到成员小李发言时语速缓慢，无意间拖慢了会议的整体进程。王凯深知，提升会议效率至关重要，但又需兼顾团队成员的积极情绪。

他巧妙地采取了策略：每当小李发言，王凯都频频点头，并适时插入肯定的话语："嗯，我非常认同你的观点，很有深度！"这样的正面反馈意外地促使小李不自觉地加快了语速。

当小李的论述开始铺陈时，王凯精准地把握时机，以"那么，接下来我们的行动方向是什么？"这样的提问，引导小李直奔主题，使回答更加精炼。

随着会议深入，小李的语速自然提升，团队的沟通效率也随之显著增强。最终，项目圆满完成，成员们对这次高效会议赞不绝口。

【明道理】

此案例深刻揭示了沟通中引导对方加速说话的艺术，它要求我们兼具技巧与耐心。通过微妙的暗示、积极的反馈与精准的提问，我们能够有效地促进对话节奏，提升沟通效率。当然，每个沟通情境都有其独特性，因此，灵活应用这些技巧至关重要。

以下是几种实用的加速对方说话的策略：

一、运用肢体语言。轻轻点头或轻微的手势，都是向对方传递"我在认真听，请继续"的信号，同时也在无形中鼓励对方加快节奏。

二、给予正面反馈。及时用"嗯，我理解了""对，正是这个意思"等语句肯定对方，让对方感受到被重视，从而更自信、更流畅地表达。

三、提出明确问题。通过精炼的问题引导对方聚焦核心，减少不必要的铺垫，使回答更加直接有效。

四、适时而恰当的打断。在对方偏离主题或冗长叙述时，礼貌地打断并简述你的意图，但需注意方式温和，避免让对方感到被冒犯。

五、设定时间框架。在会议或谈话开始前，明确告知对方时间限制，促使双方都有意识地控制语速和节奏。

六、捕捉关键词引导。在对方发言中捕捉关键信息，并以此为基础引导其进一步阐述，使对话更加紧凑有序。

同时，我们也应警惕在加速对方说话过程中可能踏入的误区：

一、避免频繁打断，尊重对方的发言权。

二、控制情绪，避免表露出不耐烦，保持平和友好的氛围。

三、杜绝命令式语气，以合作而非对立的态度进行交流。

四、关注对方的情绪变化，适时给予理解与鼓励。

五、尊重每个人的个性与沟通风格，不强求统一。

【要点总结】

在尝试加速对方说话的过程中，我们需始终秉持礼貌与尊重的原则，避免给对方带来不必要的压力；同时，灵活应对各种沟通情境，根据对方的特点和需求调整策略，以实现更加高效、和谐的对话。

⊙如何将话语权交给对方？

在日常沟通中，我们时常会陷入一个误区，即自我表达过多，而忽视了对方的感受与兴趣，导致对方提不起兴趣，甚至昏昏欲睡。事实上，高质量的对话不仅是自我观点的阐述，更是一场心与心的交流，它要求我们学会将话语权适时地交予对方，真正倾听并尊重对方的意见。

【对话智慧】

回想起多年前在一家公司的经历，我负责一项跨部门协作的项目，需与性格内向、以"难沟通"著称的部门经理张帅紧密合作。面对这样的挑战，我深知信息共享与深入沟通的重要性。

在一次小办公室的会面中，我率先分享了自己对项目的见解，然而张帅的反应仅仅是"嗯"了一声，随后便陷入了沉默。我意识到，直接的表达并未触动他的心弦。于是，我转而问道："张帅，对于这个项目，你有什么独到的见解或者想法吗？我非常期待能听到你的声音。"

这句话仿佛一把钥匙，轻轻打开了他心中的话匣。我全神贯注地倾听，以真诚的目光给予他鼓励，不时点头以表示理解。当他的某些观点略显模糊时，我会适时地请求："能请你再详细阐述一下你的想法吗？我很感兴趣。"

就这样，我们之间的对话逐渐变得流畅而深入，项目也随之顺利步入正轨。

【明道理】

这段经历深刻地启示我们：将话语权交给对方，并非易事，它需要我们具备倾听的艺术、高超的沟通技巧以及对他人观点的深切尊重。唯有如此，我们才能在交流的海洋中建立起坚实的桥梁，让对话成为连接心灵的纽带。

那么，具体应如何操作呢？

一、以提问引领对话。当对方思路不清或欲言又止时，巧妙的提问能够激发其思考，促进观点的流露。例如"你是如何看待这个问题的？""你认为这样做会带来哪些影响？"等问题，都能引导对方深入思考并勇敢表达。

二、积极给予回应。在对方发表意见后，用简短的话语复述或总结其观点，既能让对方感受到被重视，也能确保双方的理解保持一致。如"我理解了你的意思，你是说……"这样的表述方式，能有效增进沟通效果。

三、耐心等待。在对方思考或组织语言时，保持耐心，给予足够的空间和时间，避免急于打断或代为发言。这种尊重与理解，将让对方更加愿意敞开心扉。

四、营造轻松氛围。一个温馨、舒适的对话环境，能够消除对方的紧张感与戒备心，使其更加自如地表达自己的想法。因此，在沟通中保持微笑、使用温和的语气、营造和谐的氛围至关重要。

【要点总结】

将话语权交给对方，是沟通中不可或缺的智慧，它不仅能够增强对话的互动性与参与感，更能体现我们对他人观点的尊重与理解。唯有当我们真正学会倾听、引导与尊重时，才能让对话成为一场心灵的盛宴，让彼此在交流中共同成长与进步。

⊙ 如何消除对方排斥的情绪？

在对话过程中，一旦察觉到对方流露出排斥情绪，这往往是对话质量急转直下的信号。若不及时采取恰当的安抚措施，你的言辞对对方而言或将失去分量，甚至可能引发对方的厌烦。那么，面对此情此景，我们应如何有效安抚对方情绪，维持冷静并促进双方的有效沟通呢？

【对话智慧】

一次立项会议上，我详细阐述了项目方案后，却遭到一位资深同事的当场排斥与反对。深知这位同事的资历与经验，我推测其排斥情绪或许源于对新人及项目本身的不了解。

于是，我首先以谦逊的态度开口："在阅历上，您无疑是我的前辈，您的宝贵经验和独到见解对我的项目至关重要。"此言一出，对方的态度明显缓和，以微笑回应："哪里，哪里。"

紧接着，我进一步表达："我深知当前项目尚存诸多不足，非常渴望得到您的指导与宝贵建议，请您不吝赐教。"对方听后，心情愉悦地表示："你的创意确实新颖，只是在执行层面……"随后，他不仅消除了排斥情绪，还积极贡献了许多中肯的建议，最终帮助项目成功立项。

【明道理】

在对话中，安抚对方排斥情绪的具体策略可归纳为以下几点：

一、保持冷静与耐心。面对排斥情绪，首要之务是自我情绪的调控，以平和之心应对，避免情绪升级造成冲突。

二、展现真诚与善意。通过真诚的言语与态度，传达出你关心与帮助的诚意，让对方感受到你的善意与尊重。

三、维持尊重与礼貌。无论对方情绪如何波动，始终坚守尊重与礼貌的底线，避免使用冒犯性言辞或行为。

四、共同寻求解决方案。在适当时机，邀请对方共同参与问题的探讨，并主动提出建设性建议，展现合作解决问题的态度。

五、给予适当空间。若对方需要时间来整理情绪，不妨给予其充分的空间，同时表达你随时准备倾听的意愿。

【要点总结】

在对话中，有效安抚对方排斥情绪的关键在于深刻理解并尊重对方的感受，以平和、理解的态度进行沟通。鉴于每个人的情绪反应都是独一无二的，我们需灵活应对，保持耐心与同理心，努力理解对方，并积极寻求双方都能接受的解决方案。

第十八章　说服式对话

⊙营造安全感，让对方放下戒备心理

我们都渴望在对话中达成心与心的交流，然而，在现今这个纷繁复杂的社会里，实现这一目标实属不易。关键在于如何让对方彻底卸下心防，唯有如此，方能触及心灵的深处。尤其是在面对陌生人或不确定情境时，戒备心理往往会不自觉地浮现。

【对话智慧】

近日，我接到了一个颇具代表性的电话。

对方："您好，请问是某某先生吗？"

我："请问您是哪位？有何贵干？"

对方："请问贵公司能否达到 200 人规模？"

我："请直接说明来意。"

对方："我是来自某电脑共享租赁公司的，想为您推荐一套经济高效的电脑及办公设备租赁方案。"

我："感谢好意，但我们公司已有电脑，不需要此服务。"

对方："那贵公司每月在办公设备上的开销是多少呢？让我为您算算账，看看能否为您节省开支。"

我："抱歉，这部分信息不方便透露，感谢您的关心。"

随后，我礼貌地结束了通话。之所以拒绝，皆因我对来电者抱有戒备之心，且后续对话中未能建立起足够的信任，故而我选择了挂断电话。

【明道理】

那么，在对话的舞台上，我们该如何编织出安全感的网，让对方自然而然地放下戒备呢？

一、营造积极的沟通氛围至关重要。一个微笑以及眼神中流露出的真诚，都是传递善意的桥梁，能让对方感受到你的亲和力与善意。

二、提供坚实可靠的信息与证据。在决策的天平上，信息往往是决定性的砝码。因此，分享真实可信的数据、成功案例或专家见解，能够有效增强你的说服力，让对方在了解事实的基础上放下戒备。

三、展现你的专业素养与能力。在某个领域内展现出的深厚功底与自信风采，会让对方对你产生由衷的信赖。面对挑战时保持冷静与从容，以专业的方式解决问题，更是加深信任的关键。

四、共同目标的设定不容忽视。明确并强调双方的合作愿景与共同利益，能够激发彼此间的信任感与归属感，让对话在更加和谐与默契的氛围中进行。

【要点总结】

在对话中消除对方的戒备心理，需要我们全方位的努力，共同营造一个安全、信任的交流环境。通过积极的沟通、提供可靠信息、展现专业能力以及设定共同目标等手段，我们可以更有效地赢得对方的信任与接纳，从而推动对话向更深层次发展。

⊙ 你来我往，互惠真情交换

在对话策略中，有一个被频繁采用且效果显著的方法，即"互惠沟通"。这一策略的核心在于，当我们主动向他人伸出援手、提供支持或好处时，往往会激发对方产生回报的意愿，使他们更加开放地接纳我们的意见与观点。

因此，在寻求说服他人之际，一个明智的策略是先予后取，通过给予来赢得对方情感上的认同与亏欠感，随后再自然地引导至核心议题上。

【对话智慧】

这里分享一个关于我同学小张的真实案例。

小张，一位变压器销售员，面对一位多次拒绝其他销售员的顽固大客户，决定亲自上阵。在细致的客户调研中，他得知该客户对绿茶情有独钟，特别喜欢稀有的信阳明前毛尖。尽管时节已至六月，此茶难觅，但小张仍不辞辛劳，以高价购得一斤上等明前茶，并妥善保存以待拜访。

会面时，小张未急于推销，而是先亲手泡制了一杯香茗敬予客户。客户轻抿一口，瞬间被茶香征服，面露惊讶之色。小张适时表示道："听闻您对此茶偏爱有加，恰好我友经营茶庄，便特地为您寻来。此行目的纯粹，仅为分享美好，并向您表达敬意，与业务无关。"

客户的防线悄然松动，他赞叹茶之品质，更欣赏小张的直率与诚意，随即主动提出转入正题。一番深入交谈后，双方不仅相谈甚欢，还初步达成了合作意向。经过小张后续的两次拜访，最终成功签订了购买协议。

【明道理】

小张的成功，在于他精准把握了客户的喜好，以一杯茶为媒介，开启了互惠沟通的大门。他的真诚与关怀，让客户深刻体会到了互惠的力量。在现实生活中，我们同样可以运用这一技巧，通过理解并满足他人的需求，以真心换真心，实现自己的沟通目标。

在说服性对话中，真情实感是基石，互惠交换则是桥梁。我们应主动为对方提供有价值的信息、资源或建议，助其解困或满足所需，从而触动其内心，达成共鸣。

那么，如何有效运用互惠沟通策略呢？

一、深入了解对方需求。这是实施互惠策略的前提；只有精准把握对方所需，才能有的放矢，提供切实有效的帮助。

二、学会创造价值与提供价值。这可以是实质性的帮助，如信息分享、资源对接；也可以是精神上的慰藉，如建议与鼓励。让对方感受到你的用心与关怀。

三、建立信任基础。没有信任的桥梁，再美好的互惠也难以长久。通过诚实、透明的沟通，展现你的可靠与真诚，逐步赢得对方的信任。

此外，在互惠沟通中，真诚的情感交流同样不可或缺。倾听对方的声音，理解其感受，表达你的尊重与理解，让每一次对话都充满温度与诚意。

【要点总结】

互惠真情交换，是一种高效的说服艺术。它要求我们洞悉对方需求，创造价值，建立信任，并在沟通过程中注入真挚情感。记住，在策略的运用上，先给予，方能后收获，以心换心，方能赢得长远的合作与共赢。

⊙ 对比说服，强调你观点的正确性

对比说服法的独特魅力，在于它能像一把锐利的刀，能精准剖析问题核心，使观点的逻辑性与合理性跃然纸上。当我们试图论证某一产品的卓越性时，不妨将其置于同类产品的广阔舞台上，从功能、品质、价格等多维度进行细致入微的对比，让受众了解产品的独特优势与非凡价值。

【对话智慧】

在遥远的大西北，隐匿于群山环抱中的一个小山村，曾以其碧空如洗、溪水潺潺、绿树成荫的自然风光闻名，村民们世代享受着这份宁静与和谐。然而，随着挖沙热潮的侵袭，这一切美好逐渐褪色。村民们为了一时的经济利益，纷纷涌入村前河道，无休止地挖掘沙石，导致河床塌陷，井水污染，生态环境遭受重创。

面对这一严峻形势，镇政府虽多次介入劝阻，却未能有效遏制挖沙行为。直至新任领导的到来，他采取了一种截然不同的沟通策略。在一次全村大会上，领导并未直接禁止挖沙，而是深情地回顾了村庄往昔的美丽景象，通过展示昔日蓝天碧水、清新空气的照片，与眼前的荒凉景象形成鲜明对比，触动了村民们的心弦。

"我们曾拥有的一切美好，难道真要因短视的利益而毁于一旦吗？"领导的话语掷地有声，引发了村民们的深刻反思。随后，他提出了发展旅游、养殖及民宿等多元化经济的构想，为村民们描绘了一幅既能保护家园又能实现富裕的美好蓝图。最终，村民们被深深打动，纷纷承诺放弃挖沙，共同守护这片养育了他们的土地。

【明道理】

"没有对比，就没有深刻的认知。"在对话与沟通的艺术中，对比说服法无疑是一把利剑，能够直击人心，让对方在利弊的鲜明对比中做出明智的选择。然而，要想使这一策略发挥最大效用，还需注意以下几点：

一、确保对比的客观公正。在构建对比框架时，务必剔除个人偏见，以事实为依据，确保对比结果的公正性与可信度。

二、聚焦关键差异点。不必事无巨细地罗列所有差异，而应精准捕捉那些能够决定观点成败的关键要素，进行深入剖析。

三、辅以具体证据支持。空口无凭难以服众，因此，在对比过程中应适时引入权威数据、成功案例等具体证据，以增强说服力。

四、关注对方背景与需求。了解并尊重对方的立场与需求，是进行有效沟通的前提。根据对方的实际情况调整对比策略与重点，方能触动其内心，实现说服目的。

【要点总结】

对比说服法不仅是一种沟通技巧，更是一种智慧与艺术的展现。它让我们在对话中更加清晰地表达自己的观点，同时也引导对方进行深刻的思考与反思；但切记，说服的终极目标并非简单的胜负之争，而是促进双方的理解与共识，共同迈向更加美好的未来。

⊙ 用对方的观点说服对方

在日常对话的交锋中，双方往往各执一词，针锋相对。许多人选择激烈争辩，直至争得面红耳赤，却往往难以达成共识，各持己见成为常态。然而，高手级别的对话者，他们擅长运用"以彼之矛，攻彼之盾"的策略，巧妙利用对方的观点作为说服的武器。

【对话智慧】

张翰，一位资深的保险经纪人，长期关注着潜在客户王先生，却始终未能促成交易。一日，他再次登门拜访。

张翰以微笑开场："王先生，看得出您对这份保险已深思熟虑多时，我认为它对您而言确实至关重要。"

王先生提出疑虑："我认为这份保险费用偏高，缺乏投资价值；且我目前正值壮年，似乎并无紧迫需求。"

张翰听后，依旧保持微笑，回应道："我完全理解您的顾虑，保险费用确实需审慎考量，但其长远回报同样值得期待。您作为精明的商人，定能体会到这一点。"

王先生点头表示认同。

接着，张翰巧妙地运用起王先生之前的言论："记得您曾提到，为未来的不确定性做好准备至关重要。保险，正是那把在风雨来临时为我们遮风挡雨的伞，确保我们在面对挑战时能够从容不迫。"

此言一出，王先生对保险的兴趣明显浓厚起来，最终决定购买。

【明道理】

张翰的智慧在于他能够精准捕捉并有效利用王先生的话语，使对方在无形中认同了自己的观点，从而达到了说服的目的。

那么，我们如何也能掌握这一技巧呢?

一、全面深入地理解对方的立场与观点。只有当我们站在对方的角度，真正体会其所思所感，才能找到共鸣的桥梁。

接下来，便是巧妙运用"以子之矛，攻子之盾"的策略。通过引用对方先前的观点或论据，来加强我们的论点，既显尊重，又能引导对方自我反思。例如，对方若对某计划持保留态度，我们可以这样回应："我完全尊重您的担忧，但记得您曾强调过探索新途径的重要性，而此计划正是一次有益的尝试。"

二、在运用对方观点时，务必注意言辞的得体与语气的平和，避免引起对方的反感或抵触。我们的目标是激发对方的思考，而非强加己见。

此外，提供具体的实例与数据作为支撑，能极大地增强说服力。例如，"根据最新市场调研，类似项目已成功实施于多家企业，成效显著，无疑为我们的方案增添了信心。"

三、保持一颗开放包容的心。即使未能立即说服对方，也应尊重其观点，并愿意持续对话。这样的态度，更能赢得对方的尊重与信任，为未来的合作打下良好基础。

【要点总结】

运用"以彼之矛，攻彼之盾"的沟通策略，是突破交流障碍、达成有效说服的关键。它要求我们做到倾听、理解、巧妙运用、提供实证，并保持开放心态。通过这一系列努力，我们能够更好地与他人沟通，共同寻找解决方案，甚至实现观点的融合与共识。